LA

BIBLIOTHÈQUE NATIONALE

SES BATIMENTS

ET

SES CONSTRUCTIONS

Léon LABROUSTE

ARCHITECTE DU GOUVERNEMENT

PARIS

IMPRIMERIE H. LUTIER, 36, RUE DELABORDE

1885

LA

BIBLIOTHÈQUE NATIONALE

SES BATIMENTS

ET

SES CONSTRUCTIONS

Léon LABROUSTE

ARCHITECTE DU GOUVERNEMENT

PARIS

IMPRIMERIE H. LUTIER, 36, RUE DELABORDE

1885

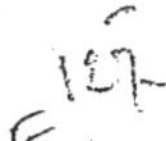

Hommage empressé
Léon Labrouste
1885

LA

BIBLIOTHÈQUE NATIONALE

SON DÉBUT ET SES ACCROISSEMENTS

SES BATIMENTS ET SES CONSTRUCTIONS

SES AGRANDISSEMENTS, SES TRAVAUX

PAR

Léon LABROUSTE
ARCHITECTE DU GOUVERNEMENT

1885

N'a pas été mis en vente.

A MONSIEUR POULIN

Directeur des Bâtiments Civils.

MONSIEUR LE DIRECTEUR,

J'ai pensé, au moment où les travaux de la Bibliothèque Nationale venaient de prendre fin, à réunir les documents intéressants que j'ai été à même de recueillir grâce à la bienveillance du Gouvernement qui, pendant douze années, a bien voulu m'attacher aux travaux de ce vaste établissement placé sous votre haute direction.

C'est à ce titre, Monsieur le Directeur des Bâtiments civils, que je vous prie d'accepter cet humble hommage de la reconnaissance de votre tout dévoué serviteur,

LÉON LABROUSTE,
Architecte du Gouvernement.

Je me suis imposé dans ce travail la recherche des origines de la grande Bibliothèque de Paris. Je l'ai suivie dans les différents immeubles qu'elle a occupés jusqu'à nos jours. J'ai simultanément exposé ses développements successifs afin de faire comprendre les raisons qui ont déterminé ces changements fréquents. On verra que l'insuffisance d'emplacements pour les collections en a toujours été la cause principale, et, à moins d'une restriction logique dans le mode de leur accroissement, le manque de place se fera rapidement sentir.

J'ai ensuite indiqué l'acquisition des constructions actuelles, leur prise de possession, leur appropriation ou leur agrandissement.

J'ai dressé un véritable journal des travaux de chaque année, en l'accompagnant des renseignements les plus complets, puisés aux sources les plus sûres. Enfin, j'ai terminé mon travail par des observations relatives à l'augmentation des bâtiments et des besoins futurs de la Bibliothèque Nationale.

BIBLIOTHÈQUE NATIONALE

I

La Bibliothèque Nationale, aujourd'hui l'établissement le plus riche et le plus complet du monde en collections de tous genres, n'a pas toujours occupé au centre de Paris le vaste emplacement où nous la voyons. Ses débuts furent modestes et remontent aux premiers rois de la seconde race; mais les essais qui furent tentés à cette époque reculée, pour réunir quelques manuscrits, restèrent malheureusement isolés et chacune de ces collections fut bientôt dispersée.

Pépin-le-Bref posséda quelques livres qui lui furent donnés en partie par le pape Paul I. Charlemagne rassembla également une bibliothèque qu'il plaça dans son palais d'Aix-la-Chapelle et il en confia le soin à Gernandus; mais à la mort de cet empereur ses livres furent vendus, et l'argent, produit de la vente, fut donné aux pauvres. Les rois qui succédèrent à Charlemagne, très occupés à soutenir des guerres contre les envahisseurs étrangers, n'eurent ni le temps, ni le goût de penser aux choses de l'intelligence, excepté, toutefois, Charles-le-Chauve qui réunit des manuscrits, dont un, la bible connue sous le nom de son propriétaire, possédé longtemps par l'abbaye de Saint-Denis, est un des plus précieux monuments littéraires de cette époque parvenu jusqu'à nous.

Pendant la première partie du Moyen-Age, époque d'indifférence pour la littérature et de combats continuels, quelques couvents seuls s'occupèrent de rassembler les livres qui existaient et d'en augmenter le nombre par la copie. Louis IX se fit remettre ces bibliothèques ainsi commencées et les plaça à la Sainte-Chapelle. Il permit aux savants de venir lire les ouvrages qu'il avait rassemblés et lui-même aimait à passer bien des heures à travailler; mais à sa mort cette collection fit retour aux communautés religieuses. Philippe III, Philippe IV et Louis X laissèrent de même en mourant leur bibliothèque à des couvents privilégiés dont elle devint la propriété, de telle sorte que chaque règne, réduit à ses propres efforts, ne rassemblait que peu d'œuvres, presqu'aussitôt dispersées. Philippe VI et Jean II furent trop occupés par les guerres qu'ils eurent à soutenir contre les Anglais pour s'intéresser au mouvement littéraire qui aurait pu se produire; il faut cependant reconnaître que le roi Jean encouragea les lettres. Ce fut sa plus grande consolation pendant sa captivité.

On arrive jusqu'au règne de Charles V avant que l'impulsion donnée à l'étude soit réellement sensible. Ce prince fut très favorable au développement des œuvres de l'esprit par la tranquilité dont son règne lui fut redevable. D'humeur plus paisible que ses prédécesseurs, Charles V créa dans la Tour de la Fauconnerie, qui prit depuis le nom de Tour de la Librairie et dépendait de son château du Louvre, une bibliothèque où il travaillait souvent. La tour de la Librairie était placée à l'angle Nord-Ouest du quadrilatère rempli par les bâtiments du Louvre, du côté où se trouvait placée la Ménagerie. Cette tour a disparu lors de la construction de la façade de l'horloge et sa place se trouve actuellement occupée par le pavillon central de cette façade. Non content de rassembler un grand nombre de manuscrits faits sous les règnes précédents, le roi Charles V fit traduire des ouvrages latins et grecs par les savants de son temps, spécialement ceux d'Aristote, de saint Augustin et de Valère Maxime. La tour de la Librairie fut par ordre du roi revêtue intérieurement de lambris en bois sculpté, les fenêtres furent garnies de grilles, des pupitres disposés autour de la pièce reçurent les volumes posés à plat, des sièges meublèrent cet intérieur; enfin une lampe d'argent fut suspendue à la voûte pour pouvoir travailler la nuit. Gilles Malet, qui devint bibliothécaire de Charles V, fit un inventaire des livres confiés à sa garde et le total en fut de 973 volumes. On a découvert, en 1855, à Soisy-sous-Etioles (Seine-et-Oise), la pierre tombale de ce savant chercheur, gardien de la librairie du roi : Monseigneur Gilles Malet, Chevalier Seigneur de Villepescle, conseillier et maistre dostel du roy, Chastellain de pont Sainte Maxence,

Visconte de Corbeil et Seignieur de Soisy et de Madame Nicole de Chambly, sa feme. Cette pierre a $1^{m},95 \times 0^{m},67$.

Malgré ce premier élan, la démence du roi Charles VI, les guerres civiles entretenues par les Bourguignons et les Armagnacs, enfin l'appui hypocrite prêté aux partis par l'Angleterre devaient être funestes à la Bibliothèque rassemblée au Louvre, l'indifférence du roi Louis VII fit le reste, de sorte que les nombreux inventaires faits à plusieurs époques ne servirent qu'à constater la disparition de nombreux volumes. En 1429, le duc de Bedford, bibliophile connaisseur, régent de France et d'Angleterre, profita du désordre général pour s'emparer des livres qui restaient et les fit transporter à Londres. Louis XI avait réuni ce qui restait d'ouvrages égarés dans le Louvre, lorsque Guttenberg à Strasbourg, par sa découverte des caractères mobiles d'impression succédant au manuscrit, dont l'accroissement était si lent et à la xylographie, qui demandait également un temps considérable, et, Ulric Géring (1), par la fondation, en 1469, d'une imprimerie à Paris, créèrent de nouveaux moyens d'exécution matérielle propres au développement du nombre des exemplaires. Louis XI mit à profit cette découverte, et, à partir de ce moment, put s'étendre d'une manière sérieuse

(1) Un monument a été élevé, dans le vestibule de la Bibliothèque Sainte-Geneviève, à Ulric Géring, en 1873, par M. Henri Labrouste.

et suivie la Bibliothèque des rois de France. Ce prince accrut sa bibliothèque des livres dont il avait hérité de son frère, le duc de Berry; mais il eut le tort de ne point s'occuper des volumes qui avaient été prêtés sous les règnes précédents aux Seigneurs de la Cour et qui ne rentrèrent jamais.

Les guerres que Charles VIII fit en Italie et la conquête du Milanais par Louis XII augmentèrent considérablement les collections de la Couronne. Charles VIII s'empara de la Bibliothèque des rois de Naples et Louis XII réunit la magnifique Bibliothèque de ses ancêtres à celle du roi. Louis rapporta du Milanais les livres rassemblés par les Visconti et les Sforza. Ce prince fit transporter les livres qui étaient au Louvre à son château de Blois pour lequel il avait une prédilection marquée. Il acquit ensuite les collections du savant bibliophile Louis de Bruges et chargea de la direction de sa librairie François du Refuge.

François Ier donna un essor rapide à l'imprimerie par son goût pour les lettres, que sa création du Collège de France prouverait abondamment. Esprit éclairé, ce roi aimait tout ce qui provenait de l'antiquité, manuscrits et médailles. Il fit rechercher les manuscrits grecs et orientaux et les acquit pour se livrer avec ardeur à leur étude, aussi l'éloignement de Blois de la capitale le décida-t-il à transporter à Fontainebleau ses riches collections dans le château qu'il avait reconstruit en partie et enrichi de tout ce que les arts avaient alors de plus brillant, Guillaume Budé fut mis par le roi à la tête de sa bibliothèque avec le titre de maître de la libraire et ce fût Pierre Du Châtel qui succèda à Budé dans la garde de ce précieux dépôt. Il faut remarquer que pour la première fois un roi de France, François Ier, rassemblait des monnaies, médailles et pierres gravées. Cette collection n'était pas considérable; mais elle avait une grande importance au point de vue du précédent qu'elle établissait. En effet, Henri II augmenta cette collection de celle que Catherine de Médicis avait apportée de Florence et Charles IX contribua à son développement en créant une place de garde des Médailles puis en faisant de nombreuses acquisitions. Malheureusement les médailles eurent le sort des volumes de la Bibliothèque du roi qui se trouvait au Louvre; le tout fut pillé pendant les troubles de la ligue et malgré les efforts de Henri IV pour réparer ce désastre, les médailles n'ont formé une collection vraiment digne de ce nom que sous Louis XIV, par suite du legs que Gaston d'Orléans fit au roi de ces médailles, de ses figurines en bronze, de ses camées et de ses pierres gravées. On attribue souvent, par suite d'une erreur, à François Ier la prescription, en 1537, de l'envoi à la Bibliothèque de deux exemplaires de tous les livres imprimés en France; cette mesure ne fut prise que plus tard.

Henri II et François II continuèrent le travail commencé par leurs prédécesseurs, mais sous

Charles IX la Bibliothèque du roi ayant été de nouveau transportée de Fontainebleau au Louvre, les guerres de religion qui avaient pris naissance sous François II faillirent anéantir complètement les livres qui avaient été rapportés à Paris. Jacques Amyot était alors maître de la Librairie. Sous Henri III, en 1593, les richesses installées au Louvre furent en partie vendues, en partie volées par la Ligue. Le président de Nully fit ouvrir les portes de la Bibliothèque après la fuite de Henri III, on s'empara des volumes, Nully et ses amis gardèrent ceux qui leur convenaient, le reste fut mis à l'encan devant l'Hôtel-de-Ville. Lorsque l'ordre fut rétabli on eut toutes les peines possibles à retrouver un certain nombre de ces ouvrages, les autres avaient été perdus.

Henri IV comprit les dangers que les collections venaient de courir pendant la guerre civile et les fit placer au lycée Louis-le-Grand, ancien collège de Clermont, rue Saint-Jacques. Il les augmenta des richesses artistiques et litéraires de Catherine de Médicis qui venait de mourir; l'insistance de l'historien Auguste de Thou, successeur d'Amyot, fut beaucoup dans la résolution du roi. Le rappel des Jésuites en France leur fit rendre l'emplacement de la rue Saint-Jacques qui leur appartenait et fut cause du transport des livres au couvent des Cordeliers, dans la salle du cloître, aujourd'hui École Clinique de Médecine. On déplaça de nouveau la Bibliothèque du roi pour la transporter rue de la Harpe, sous Louis XIII, dans une maison appartenant aux Cordeliers et située près de l'Église Saint-Côme. Ce roi s'occupa peu de sa Bibliothèque dont le soin fut confié à Nicolas Rigault auquel on doit un inventaire indiquant que le nombre des volumes s'élevait à ce moment à près de six mille.

La Bibliothèque doit beaucoup à Colbert qui l'enrichit d'un grand nombre d'acquisitions. C'est à cette époque que le cabinet des Médailles, qui ne renfermait que fort peu de choses, reçut un accroissement considérable par suite du legs que Gaston d'Orléans, en 1660, avait fait à son neveu Louis XIV de sa collection, et, de la donation que le comte de Béthune venait de faire au roi des médailles et curiosités en sa possession. C'était un don précieux dont le comte venait de refuser trois cent mille livres, qui lui étaient offertes par la reine Christine de Suède et qui sans la générosité du donateur aurait été enrichir des collections étrangères. Parmi les pièces les plus précieuses que renfermait ce don il faut citer les pièces manuscrites diplomatiques, depuis Louis XI jusqu'à Louis XIV, représentant 1923 volumes de la plus haute importance et contenant les secrets de la politique de la royauté pendant plus de quatre cents ans.

Colbert avait son hôtel privé au coin de la rue des Petits-Champs et de la rue Vivien, en face de l'hôtel Mazarin; il en rapprocha la Bibliothèque de Louis XIV, qui devenue trop considérable pour l'espace qui lui était affecté fut de nouveau déménagée. On la plaça rue Vivien, en 1666, dans une maison située à l'endroit où se trouve actuellement le passage Vivienne, en face de l'emplacement qu'elle occupe maintenant. On doit aussi à ce grand ministre la création des collections de gravures que possède la Bibliothèque nationale. Ce fut lui, en effet, qui acquit au nom du roi, en 1667, la superbe collection que l'abbé de Marolles avait achetée à la mort de Jean de Lorme. Ces gravures avaient été la propriété de l'abbé de Saint-Ambroise qui avait passé quarante années à les rassembler; puis pour augmenter ce fonds on fit reproduire par la gravure les œuvres célèbres des peintres de l'époque. Colbert ordonna aussi l'échange des volumes en double que possédait la Bibliothèque du roi avec les volumes également en double que possédait la Bibliothèque du collège des Quatre-Nations, aujourd'hui palais de l'Institut. Ces livres avaient été légués à cet établissement par Mazarin qui donna son nom à la bibliothèque en question.

Louvois, à l'exemple de Colbert, employa ses agents diplomatiques auprès des cours étrangères à rechercher les curiosités scientifiques, artisti- et littéraires que pouvaient renfermer les pays auprès desquels ils étaient accrédités; la Bibliothèque du roi reçut de ce fait de précieuses augmentations. Louvois était encouragé, stimulé même dans cette entreprise par Louis XIV qui s'intéressait vivement à ses collections et surtout aux médailles et antiquités. En 1688, un inventaire fut dressé et le nombre des livres imprimés se trouva être de 43,000 et celui des manuscrits de 10,000. De nouveau les bâtiments allaient devenir trop petits et un moment le roi fit commencer des travaux d'appropriation à l'hôtel Vendôme par Mansard afin d'y transporter la Bibliothèque ; mais la mort de Louvois fit abandonner ce projet. Le fils de Louvois fut nommé maître de la Librairie et profita de son indépendance pour prendre une mesure qui fut très profitable au monde savant. Il autorisa, en 1692, le public à venir deux fois par semaine étudier à la Bibliothèque. A cette époque un vol important vint jeter le trouble dans cet asile du travail, un prêtre renégat, Jean Aymont, vola une trentaine de manuscrits et parmi eux la bible de Charles le Chauve fut indignement déchirée. Un legs d'un nommé Clément enrichit la bibliothèque d'une nombreuse collection de portraits évaluée à dix-huit mille pièces. Louis XIV avait aussi reçu de l'Empereur de la Chine des volumes chinois et tartares, puis les collections du surintendant Fouquet avaient été confisqués, enfin celles de Roger de Gaignières, dont celui-ci fit don au roi, portèrent le nombre des volumes à soixante-dix mille sans compter les médailles, les estampes et les gravures.

Sous la minorité de Louis XV, le local de la rue Vivien étant devenu trop petit par suite de l'encombrement des collections de toutes sortes qui s'y trouvaient réunies et la solidité des planchers donnant des craintes sérieuses, le Régent de France affecta, en septembre 1721, à la Bibliothèque du roi la partie des bâtiments de l'hôtel de Nevers que la faillite du banquier Jean Law de Lauriston venait de laisser vacante; cette affectation ne fut définitive que le 13 juin 1724. On en dressa le 28 août 1725 le procès-verbal d'acquisition et les états de lieux de l'immeuble. De ce fait, la bibliothèque du roi traversait la rue Vivien pour prendre possession d'un bâtiment faisant encore partie de ceux qu'aujourd'hui elle occupe avec beaucoup d'autres acquis à des époques différentes.

II

L'emplacement qu'occupe aujourd'hui la Bibliothèque nationale compris entre la rue Neuve-des-Petits-Champs au sud, la rue Vivien à l'est, la rue Richelieu à l'ouest et la rue de l'Arcade-Colbert (1) au nord, plus un petit terrain situé au delà de cette rue le long de la rue Richelieu, tout cet espace dépendait des Petits Champs, vastes terrains entourant le palais du cardinal de Richelieu, appelé aujourd'hui Palais-Royal. Possédés par Richelieu et par Vivien qui donnèrent leur nom à chacune des rues principales qui les traversaient, ces terrains furent mis en vente afin d'y créer un quartier neuf.

A l'exemple de Richelieu, qui venait de faire construire une somptueuse demeure, bien des seigneurs et des courtisans vinrent se grouper sur ce point de Paris, alors en culture. C'est ainsi que l'on vit s'élever les hôtels de Trême, de Pont-Chartrain, de Louvois, de Toroy, de Colbert, de Charost autour de la place que la Bibliothèque devait un jour entièrement occuper. Quant à cette

(1) Les Petits Champs allaient jusqu'à la rue Saint-Augustin, la rue Colbert n'a été percée qu'en 1697.

partie elle vit d'abord l'hôtel qui fait actuellement l'angle de la rue des Petits-Champs et de la rue Vivienne. Cet hôtel, d'un effet charmant, construit en briques et pierre, dans le style Louis XIII, avait été élevé, en 1633, par l'architecte Pierre Lemuet avec luxe pour le surintendant des finances d'Anne d'Autriche, Tubeuf. Les bâtiments étaient disposés autour d'une belle cour d'honneur, le tout comme on le voit encore maintenant. La proportion architecturale en est des plus heureuse et les façades ont peu souffert des modifications successives dont l'intérieur a supporté les exigences. En effet, c'est avec bien de la peine qu'on pourrait retrouver une partie ancienne des décorations des appartements de l'époque; une portion de plafond cependant, qui est parfaitement conservée, se trouve dans la grande salle du premier étage du bâtiment au fond de la cour, mais les autres décorations et distributions ont été changées après la vente de ces constructions à la Compagnie des Indes et leur acquisition pour agrandir la Bibliothèque du roi. Ce spécimen de l'architecture du commencement du XVIIe siècle n'en est pas moins un des plus beaux et des plus complets que Paris a pu conserver. Un rez-de-chaussée, comprenant un entresol, repose sous un soubassement en pierre et porte un premier étage, dont il est séparé par un bandeau. Les chaînes en pierre du rez-de-chaussée et de l'entresol se font suite sans aucune interruption, formant ainsi un étage unique dont les baies seules indiquent la division par les tablettes qui les coupent en deux dans la hauteur et servent d'alléges. Un beau premier étage s'asseoit sur les parties inférieures, dont les fenêtres contrastent d'une manière si heureuse par leur dimension avec celles de cet étage principal. Le bandeau de couronnement du premier étage est surmonté d'un attique avec corniche que de petits modillons accouplés soutiennent, enfin de jolies lucarnes sortent d'un comble élevé où on remarque de gracieux poinçons. La partie du milieu a une légère saillie sur le reste du bâtiment et est surmontée d'un fronton circulaire abritant des trophées sculptés. Une tête de lion dans la partie de l'attique, est placée au dessus de chacune des deux tablettes encadrant la fenêtre du milieu de l'avant-corps, ces tablettes en pierre représentent une chute de casques, de boucliers et d'armes; au-dessus du fronton on remarque un M de Mazarin. La pierre est employée pour les jambages, qui sont à refends, pour les bandeaux, la corniche et les angles du bâtiment; le reste est en remplissage de briques. La proportion de l'un et l'autre élément est si bien gardée que l'effet en est des plus trouvé.

Mazarin venait d'acheter l'hôtel situé à l'angle de la rue Neuve-des-Petits-Champs et de la rue Richelieu avec ses dépendances. Cet hôtel avait été élevé, en 1634, pour Charles Duret, seigneur de Chivry, contrôleur général des finances et fut démoli, en 1859, pour faire place à de nouveaux bâtiments. C'était une construction de peu d'étendue, renfermant deux petites cours et dépourvu de tout caractère; il servit de communs au cardinal et était mitoyen avec l'hôtel de Tubeuf. Mazarin désirait réunir le tout afin de se faire construire sur les jardins qui occupaient l'espace compris entre les rues Neuve-des-Petits-Champs, Vivien, Richelieu, Colbert et même au delà de cette rue, un palais capable de répondre à ses vues et à ses besoins. On dit que Tubeuf, le galant financier, en homme habile, désirant s'attirer les bonnes grâces de son ambitieux voisin, lui proposa, en 1640, de jouer leur demeure sur une partie de piquet et sut adroitement perdre la partie. Cette manière de vendre son hôtel, de la part du surintendant Tubeuf, est tout à fait invraisemblable si on rapproche cette version de la revendication que M. de Tubeuf fit du prix de son hôtel, en 1651, après les troubles de la Fronde.

Dès qu'il eut assuré sa possession, Mazarin fit de suite commencer par François Mansart (1) le grand bâtiment qui se trouve sur le jardin de la rue Vivienne et que l'on voit de cette rue. Ce bâtiment renfermait deux galeries, l'une à rez-de-chaussée, qui était voutée, reçut des œuvres de sculpture, celle du premier étage fut meublée de collections de meubles, de tapisseries et de ta-

(1) François Mansart, architecte français, né en 1598, mort en 1666, construisit le château de Berny, la Banque de France et une partie du Palais de Mazarin.

bleaux; les peintures décoratives de la voûte de cette belle galerie avaient été exécutées, en 1641, par Romanelli et Grimaldi. L'état de délabrement de cette riche partie était lamentable; on avait badigeonné les peintures, percé des portes dans les niches, mutilé et enlevé les sculptures, le plafond tombait en ruines, lorsqu'en 1868 la restauration en fut décidée. Le cardinal Mazarin ne se contentant pas de l'hôtel Tubeuf, qui était cependant si bien approprié et si conforme à l'échelle de l'homme, voulut des appartements en rapport avec les immenses galeries qu'il venait de faire élever. Il fit construire par F. Mansart des appartements voûtés dans le goût italien, sur la rue de Richelieu, à la suite de l'hôtel bâtit pour Chivry, dans une partie des jardins de l'hôtel de Nevers et fit relier ses appartements avec ses galeries par un bâtiment dit de la traverse. Le tout fut terminé en 1646. Aujourd'hui rien ne reste de ces dernières constructions, elles ont été démolies et remplacées par le Magasin Central des Imprimés et la grande Salle de Travail; enfin un grand escalier placé dans le jardin, à l'extrémité de la galerie de Sculpture, donnait accès dans les nouveaux bâtiments. Mazarin ne se contenta pas de tous ces agrandissements, il lui fallait une place spéciale pour sa Bibliothèque; c'est ce qui l'engagea à prolonger, en 1650, les appartements de la rue Richelieu jusque et au delà de la rue Colbert pour y mettre ses livres. Une cour d'isolement entre le nouveau palais Mazarin, l'hôtel Tubeuf et l'hôtel de Chivry servit, jusqu'en 1666, de basse-cour ou de cour des communs.

En 1661, le cardinal de Mazarin mourut laissant pour héritiers ses deux nièces, l'une mariée au marquis de Mancini, l'autre mariée au duc de Meilleraie, la première eut en partage l'hôtel de Nevers et ses dépendances, la seconde la partie appelée hôtel de Mazarin. L'hôtel de Nevers et ses dépendances comprenaient tout le côté situé sur la rue de Richelieu presque depuis la rue des Petits-Champs jusqu'à la rue de Colbert; puis les jardins en retour sur la rue Vivienne, emplacement où furent construites par la suite des maisons particulières démolies en 1880. On le voit donc c'était tout l'ancien hôtel de Nevers moins le petit hôtel construit pour Charles Duret et la cour des communs située derrière. Les appartements de Mazarin sur la rue Richelieu et sa Bibliothèque à la suite, le bâtiment de la traverse et un corps de construction adossé à la grande galerie Mazarine de la rue Vivienne faisaient partie de ce premier lot; l'entrée en était rue de Richelieu, près la place Louvois actuelle. Mancini céda à Madame la marquise Anne-Thérèse de Lambert, en 1698, la partie des bâtiments qui avaient renfermé l'ancienne Bibliothèque de Mazarin. Elle la fit décorer avec luxe par Blondel et la garda en sa possession jusqu'en 1733, époque de sa mort. En effet, Madame la marquise de Lambert, qui avait acquis du duc de

Nevers le bâtiment en question, par acte des 8 mars 1698 et 3 septembre 1699, l'avait revendu au roi pour une somme de 500.000 livres, le 13 juin 1724, en papier du temps, à condition qu'elle en garderait avec son fils la jouissance leur vie durant. Les fils de Mancini firent restaurer par Dullin, leur architecte, les bâtiments qui leur restaient de l'héritage de leur père ; mais la dépense en fut si lourde qu'ils se virent forcés de vendre, en 1717, la portion de jardin qui se trouvait à l'angle de la rue Colbert et de la rue Vivienne, celle-là même où des maisons particulières furent construites à cette époque, puis acquises dans ces dernières années pour être démolies. Immédiatement après avoir vendu une partie de leur jardin, les fils du marquis de Mancini, proposèrent au régent Philippe II d'Orléans de lui vendre ce qui leur restait de leur propriété. Vu le mauvais état des finances du royaume le régent refusa. C'est alors que ce qui restait de l'ancien hôtel de Nevers fut cédé au banquier Law qui installa ses bureaux dans les bâtiments qui existaient et construisit, en 1719, une galerie pour y créer la Bourse. Le banquier Jean Law laissa cette construction inachevée, en 1720, par suite de son départ de Paris ; elle fut comprise dans la faillite et confisquée. C'est alors que la Bibliothèque du roi y fut installée et que presque immédiatement ce qui existait de l'ancien hôtel de Nevers fut racheté par l'État, qui indemnisa les Mancini restés non soldés par Law, afin d'agrandir l'emplacement destiné aux collections. Le gros œuvre de la galerie ainsi affectée à la Bibliothèque était à peine terminé et resta inachevé jusqu'en 1733, époque à laquelle le bâtiment cédé par Madame de Lambert allait appartenir au roi.

Cette galerie qui existe encore a été restaurée; elle est située au fond de la grande cour d'honneur actuelle, sur la rue de Richelieu, en face de l'entrée sur la place Louvois. Ce bâtiment construit pour Law, tout en ayant été fait rapidement, ne manque pas de grandeur. Terminé par Robert de Cotte père (1) il se compose d'un rez-de-chaussée et d'un premier étage, Au rez-de-chaussée se trouvent des arcades dont les clefs sont décorées de motifs largement traités; au premier étage sont des fenêtres dont les frontons supportés par des consoles d'un bon effet ont une composition à la fois simple et grande. Le milieu du bâtiment avance sur l'ensemble pour former un avant-corps enrichi de de pilastres d'ordre ionique, surmonté d'un ordre corinthien. L'ordre du rez-de-chaussée est fin, délicat, agréable de proportion et bien en rapport avec les arcades et les motifs qui les décorent;

(1) Robert de Cotte, architecte né à Paris en 1656, beau-frère de J. H. Mansart, était frère de Louis et fils de Frémin, auteur d'un ouvrage sur les cinq ordres d'architecture démontrés facilement et brièvement; son grand'père, nommé Frémin de Cotte, fut architecte ingénieur sous Louis XIII. Robert de Cotte a fait de 1724 à 1735 le bâtiment du fond de la cour d'honneur et l'annexe des globes à la Bibliothèque du Roi. Il mourut à Passy le 14 juillet 1735.

au contraire au premier étage, dont les fenêtres sont fort bien traitées, l'ordre corinthien est maigre, son chapiteau est raide, sa composition sèche, son tailloir pauvre et écrasé sous l'énorme entablement qui le surmonte où des consoles, absolument disproportionnées, soutiennent une corniche sans larmier. Ces lourdes consoles, qui reposent sur une architrave très mince et décorent une haute frise, sont de l'effet le plus malheureux, ainsi que les chapiteaux de l'ordre du premier étage, à côté des beautés sculpturales qui les entourent. Un fronton surmontait tout cet avant-corps, il était entièrement nu. On l'a remplacé, en 1883, par un autre renfermant un bas-relief moderne, qui n'est peut-être pas tout-à-fait dans le sentiment de l'époque à laquelle appartient le bâtiment qui lui a donné asile. Il est regrettable qu'on ne s'en soit pas tenu à une composition dans le genre du fronton de la Minerve à gauche dans la même cour; celui-là était de l'époque et parfaitement beau. La décoration intérieure du premier étage présente un ensemble remarquable de sobre richesse et de distinction. Impossible de trouver des boiseries plus délicatement sculptées comme détails et plus belles d'ensemble par leur gracieuse fermeté. C'est dans cette décoration, dans cette aménagement, dans le parti adopté par l'architecte, dans les dispositions pour remplir un programme et le satisfaire qu'il faut admirer l'œuvre de Robert de Cotte, On trouve dans les moindres parties de ce vaste tout une unité de vue, qui n'a pas empêché l'originalité des artistes qui concouraient au travail général de se produire, tout en restant à l'unisson dans leur individualité. Ces boiseries se composent de montants de casiers à livres ornés de rinceaux et de rosaces terminés par de fins feuillages, admirablement sortis de la masse du bois. Les montants reçoivent des consoles supportant une galerie ou premier étage avec garde-corps en fer forgé. Les montants de ce premier étage sont également ornés et le tout est couronné d'une corniche de plafond, dont la gorge enrichie d'ornements courants est divisée par des motifs et des attributs.

Les consoles en bois de la galerie sont d'un travail remarquable, les chutes de fleurs qui les terminent sont d'une exécution et d'une composition qui ne laisse rien à désirer. La muraille du côté de la cour avait reçu au commencement de ce siècle des casiers d'un style bien différent de ceux du reste de la salle, ils ont été démolis et derrière ont a retrouvé les cadres d'anciennes peintures qui avaient été enlevées lors de l'installation des casiers qui les auraient masquées.

Aujourd'hui on a restauré d'anciennes peintures de Van Loo et de Natoire, elles étaient autrefois dans la partie appartenant à Madame de Lambert et sont placées dans les cadres remis à neuf de cette salle. Au rez-de-chaussée ont été mis dans leurs anciens cadres des portraits de Louis XIV et de Louis XV, ainsi que de beaux dessus de portes de Boucher. Toute cette décoration venait de l'hôtel de Madame de Lambert, de l'époque où il avait servi de cabinet des médailles. Les cadres avaient été mutilés, les chiffres, les couronnes et les fleurs de lys enlevés; mais le tout a été habilement restauré par l'éminent architecte M. J.-L. Pascal qui a conduit d'une manière remarquable cet intéressant travail.

Il est curieux de connaître la manière dont ces travaux de la salle du premier étage du bâtiment élevé pour Law ont été exécutés autrefois et ce qu'ils ont coûté. Voici les conditions du marché passé à cet égard :

Devis et conditions des ouvrages de menuiserie et assemblages de charpente, que le Roy veut faire construire pour la grande Bibliothèque à Paris, dans l'ancien hôtel de Nevers, dressé suivant les ordres de Monseigneur le duc d'Antin, pair de France, etc. Directeur général des bâtiments, jardins, arts et manufactures de Sa Majesté et des dessins et devis dressés par Monsieur de Cotte, chevalier de l'ordre de Saint-Michel, conseiller du Roy, premier architecte et intendant des dits bâtiments de Sa Majesté.

Les dits ouvrages pour être commencés en l'année 1728.

Ils se composeront d'armoires dans les cinq pièces du grand étage. En bas un socle, puis cinq rangs ou tablettes d'in-folio et trois d'in-quarto; puis un balcon, puis un nouveau socle et trois rangs d'in-quarto, quatre d'in-octavo, d'in-douze et d'in-seize, le tout en beau chêne de Hollande.

L'ensemble du travail comprenant 78 toises.

DEVIS.

40 consoles, compris ornements et chute de festons, 48 livres.

Chaque pilastre orné d'un grand milieu avec ornement en bas, 15 livres.

Pour chaque pied d'ornement sur la doucine de la corniche, 2 livres 10 sols.

Pour chaque pied d'ornement sur le quart de rond avec petis fleurons, 1 livre 10 sols.

Pour chaque pilastre orné au-dessus du balcon, 10 livres.

Les trois ornements du dessous du balcon, 26 livres.

Pour chaque retour des parements des armoires orné de six ornements, trois bas et trois haut, au-dessus des balcons, 24 livres.

Pour chaque travée courante de la corniche, 9 livres 10 sols.

Nous nous engageons à faire les travaux ci-dessus pour les sommes indiquées.

Le 17 juillet 1728.

Signé :

LEGOUPIL, DEGOULLOME.

Lorsqu'on a remplacé les planchers et la charpente en bois dans ce bâtiment, par l'emploi du fer, on n'a pu constater qu'une partie du chêne employé venait des forêts royales et spécialement de Fontainebleau. Il était dans un parfait état de conservation malgré un usage de cent cinquante ans. Cela tenait évidemment à ce que la coupe se faisait autrefois en bonne saison et aussi grâce au transport des bois par eau, puis à leur immersion prolongée.

L'hôtel de Mazarin, qui était échu en partage au duc de Meilleraie, comprenait l'ancien hôtel de Tubeuf, la grande galerie Mazarine sur les jardins de la rue Vivienne et le petit hôtel de Chivry avec la cour des communs qui était derrière; les jardins s'en étendaient sur la rue Vivienne jusqu'au terrain vendu, en 1717, par les fils de Mancini; c'est-à-dire là où se trouve le jardin actuel. Le duc de Meilleraie, lui non plus, ne garda pas sa propriété, il la vendit, en 1719, à la Compagnie des Indes, qui venait d'être réunie à la maison de banque de Law de Lauriston. Après la faillite du banquieur écossais, la Compagnie des Indes, fondée par Colbert, en 1664, ne fût pas complètement ruinée, elle continua ses opérations, dans les bâtiments où elle avait été installée, jusqu'en 1769, époque à laquelle elle fût dissoute après des alternatives de succès et de revers. Ces bâtiments ne revinrent à la Bibliothèque qu'après avoir été occupés par le Trésor public qui y resta jusqu'en 1826, époque du transfèrement du Ministère des Finances à la rue de Rivoli. La grande galerie Mazarine, pendant ce temps, avait été affectée à la Bourse de Paris, constituée d'une manière définitive en 1724 et qui ne devait être mise en possession de son emplacement actuel qu'en 1825.

On le voit donc, la Bibliothèque du roi ne devait s'étendre de ce côté que beaucoup plus tard, tandis que ces accroissements allaient être nombreux et rapides du côté opposé. Nous venons de constater qu'elle avait pris successivement possession, en 1720, du bâtiment au fond de la cour d'honneur et qu'elle l'avait fait approprier en 1733. A la même époque la Bibliothèque occupe l'ancien l'hôtel de Lambert et y place la salle des Médailles, dans un ensemble parfait de décoration, dont le goût montrait dans toute son élégance l'art au XVIIIe siècle. Robert de Cotte qui avait commencé tous les travaux d'aménagement ne put les terminer; sa mort, en 1735, obligea son fils à les continuer.

En 1731, on avait envoyé du château de Marly à la Bibliothèque du roi les immenses globes, construits en 1680 sous les ordres de Marc, Vincent Coronelli, donnés à Louis XIV par le maréchal d'Estrée pour servir à l'instruction du dauphin, Louis de Bourgogne, fils du grand Dauphin, Louis de France, petit-fils de Louis XIV, père de Louis XV et élève de Fénélon. Une commission fut réunie, en 1858, afin d'examiner comment ces globes avaient été introduits dans le bâtiment qu'ils occupent. En effet, ces énormes sphères de quatre mètres de diamètre ne peuvent se démonter et ont été entrées d'une seule pièce. La commission ne s'est point prononcée à cet égard. Il est certain, après examen de la construction de l'annexe qui les abrite, vu la disposition remarquable et très spéciale des caves, qui ont un pilier central sous chaque globe recevant les retombées des voûtes qui rayonnent tout autour, l'encastrement des pierres formant liaison entre les anciens et les nouveaux murs et les anciennes baies qui existent encore à l'intérieur des salles, enfin les raccords du comble, vu toutes ses raisons que cette partie a reçu par la porte du n° 3 de la rue Colbert, les globes après fondations faites et que ceux-ci abrités provisoirement, on a construit le bâtiment qui les enveloppe. Ces globes furent placés derrière la galerie du fond de la cour d'honneur, on construisît autour d'eux une annexe avec un plancher en forme de balcon pour permettre de consulter ces sphères, dont l'une est un globe terrestre et l'autre un globe céleste. Des marches et des piédestaux en marbre soutiennent la superbe carcasse en bronze ornée et ciselée qui les supporte. Cette annexe fut terminée, en 1739, par Jules Robert de Cotte (1). Elle est loin d'être d'un style aussi pur que les parties construites

(1) Jules Robert de Cotte, fils de Robert, est né à Paris en 1683 et mourut à Passy en 1767. Il fut architecte et conserva les places de son père.

antérieurement par Robert de Cotte père. C'est la transition du Louis XV au Louis XVI.

Les bâtiments formaient alors les trois côtés de la grande cour de la Bibliothèque ; mais il restait sur la rue Colbert un côté non fermé. On décida donc, pour relier entre eux les services, de construire en 1745 un nouveau bâtiment dans le style de ceux qui existaient. Jules Robert de Cotte fut chargé de ce travail. Le rez-de-chaussée était voûté et le premier étage plafonné ; de même que pour la façade élevée en 1719, un avant-corps avait été ménagé dans le milieu. Cet avant-corps reproduisait la superposition des ordres aux étages et un fronton couronnait le tout. Le fronton était la partie la plus remarquable de cette construction ; il a été démoli en 1878 et on a en refait une copie. Admirablement composé, d'une exécution simple et large, il représentait Minerve, la tête couverte d'un casque surmonté d'un hibou, à ses pieds était l'égide aux armes de la France, elle était entourée de génies accompagnés des attributs des Arts, des Lettres, des Sciences et du Commerce. Construit sur terreplein, ce bâtiment ne pouvait pas se chauffer, voûté, il offrait peu de surfaces verticales pour les casiers des livres ; enfin, son comble, vraie forêt de bois, ayant huit mètres de haut, ne permettait pas au milieu de sa colossale charpente de trouver une place favorable pour les collections. Quant à la maçonnerie bien que posée sur une véritable carrière de libage en pierres de Châtillon, elle fut bien vite disloquée par la poussée des voûtes et la façade, malgré son épaisseur de $1^{m},05$, offrait, il y a peu d'années, une double convexité telle qu'on avait été obligé d'étayer à l'intérieur et les murs construits en deux épaisseurs de pierre formant parement de $0^{m}16$, par conséquent, peu épais et nullement reliés entre eux, remplis avec des gravats vidés à la hotte, s'étaient ouverts sur l'écrasement des charpentes. Le tout menaçant ruines, il fallut aviser. Un rapport fut rédigé pour en demander la suppression. Il était, en effet, peu raisonnable de conserver une construction dans cet état et sa restauration aurait entraîné dans des dépenses exagérées; c'est pourquoi M. Henri Labrouste proposa sa démolition. Dans ce rapport, à la date du 22 juillet 1874, l'architecte de la Bibliothèque Nationale exprimait ses appréhensions sur l'état de solidité du bâtiment qui borde la rue Colbert. A la séance du 12 août de la même année, l'Inspecteur-général des Bâtiments Civils, M. Louis Duc, s'exprimait ainsi : « Ce bâtiment est d'assez mauvaise construction, comme il arrive fréquemment aux monuments de cette époque. La galerie du rez-de-chaussée de ce vieux bâtiment est formée par une voûte qui sert de plancher à la galerie supérieure et cette dernière est surmontée d'un étage de comble dont la charpente lourde et compliquée pèse d'un poids excessif sur les constructions. Cette charpente, ainsi que la voûte du rez-de-chaussée n'offrent aucune apparence de chaînage. La voûte constamment sollicitée vers le vide par la charge des livres imprudemment amassés sur son milieu, a produit un renversement, et, sur la façade de la cour, un double effet de convexité horizontale et verticale. » Le Conseil, dans sa séance du 18 août 1874, concluait en disant qu'il pensait que tous les travaux, qu'on pourrait proposer pour une consolidation quelconque, seraient plutôt nuisibles qu'utiles et qu'il convenait de laisser le bâtiment dans l'état où il se trouvait, attendu que rien ne faisait présumer qu'il ne pourrait attendre l'époque peu éloignée de sa reconstruction. Pourquoi faut-il après cette décision, après la démolition faite que des influences d'amateurs aient fait revenir sur le jugement porté? Il fallait garder le bâtiment debout, ce que sa mauvaise construction ne permettait pas, ou se contenter de la façade du fond de la cour d'honneur qui lui ressemble et qui est d'une exécution bien supérieure. C'était le parti le meilleur. Au lieu de cela qu'a-t-on fait? On a doté Paris d'un second exemplaire de la faute commise au Louvre dans la construction de la colonnade de Perrault, en faisant des deux façades d'un même bâtiment des productions sans aucun rapport, bien qu'exprimant un seul et même besoin. Encore à la Colonnade du Louvre avait-on l'excuse de garder debout une des façades existantes et de construire en style du du XVIIe siècle sous Louis XIV; mais à la Bibliothèque Nationale rien de semblable est arrivé. On a reconstruit en 1878, en plein XIXe siècle, une façade démolie, qui n'est plus qu'un décor et ce décor n'ayant de méritant que la copie d'un fronton qu'il était possible de placer sur l'ancien bâtiment restauré du fond de la cour d'honneur ; à la place de celui entièrement nu, où vient d'être sculpté un bas-relief moderne.

En 1750, on acquit seulement la partie des bâtiments de l'hôtel de Chivry qui longeait la rue de Richelieu afin d'y trouver des logements pour les bibliothécaires. On verra par la suite que presque toutes les acquisitions qui furent faites ne profitèrent qu'à augmenter le nombre des logements accordés aux employés et non à améliorer la situation des collections qui restaient toujours enfouies dans les combles où la chaleur, le froid, souvent même l'humidité les ruinaient entièrement. C'est ainsi que bien des manuscrits ont perdu leurs admirables vignettes ; perte irréparable.

Nous avons vu que la Bibliothèque du roi, de 1720 à 1750, sous le règne de Louis XV, s'était étendue sur un vaste emplacement. Nous allons reconnaître que ce besoin de s'étendre tenait à ses accroissements considérables, dûs à l'habile direction de l'abbé Jean-Paul Bignon. C'est l'abbé Bignon qui, après avoir prescrit un travail de catalogue général afin de reconnaître et inventorier toutes les richesses qu'on possédait, divisa ces richesses de la Bibliothèque, dont il était le chef, en quatre départements pour en faciliter le classement. On acheta 600 manuscrits venant de la collection de Philippe de la Mare, puis la bibliothèque d'Étienne Baluze fournit 1,400 pièces environ. Morel de Thoisy offrit au roi sa bibliothèque imprimée. Sébastien de Brossard, en léguant à la Bibliothèque sa collection musïcale, commença la fondation de cette branche de collection. M. de Maurepas acheta pour Louis XV plus de deux cents manuscrits que mettait en vente, en 1730, l'Abbaye de Saint-Martial de Limogės et l'année suivante plus de quatre cents volumes de la bibliothèque de la famille de Mesmes. Les estampes s'enrichissaient en même temps de la collection de Henry de Béringhen; mais la plus riche possession que Bignon assura à la Bibliothèque du roi fut celle des livres de Colbert. Ils renfermaient 6,645 manuscrits et 1,200 volumes de copies et de correspondances; ensuite A. Lancelot offrit environ 200 manuscrits au roi et on acquit les 7,000 imprimés que possédait M. de Cangé. De même que Jean-Baptiste Colbert et François, Michel Letellier, marquis de Louvois, l'abbé Bignon cherchait par ses relations avec l'étranger à étendre son cercle d'action. Il se tenait ainsi au courant des richesses qui pouvaient être utiles aux Sciences et aux Lettres et recherchait l'occasion de les acquérir. L'Orient, l'Inde, la Chine fournirent un précieux contingent grâce au concours de la Compagnie des Indes. Tout ce que le pays contenait d'amateurs se mettait en devoir d'aider l'activité infatigable du célèbre maître de la librairie et assurait l'accroissement rapide, prodigieux que la Bibliothèque du roi prit sous Louis XV. Bignon insista aussi pour la mise en vigueur des mesures propres à augmenter le dépôt de tous les ouvrages nouveaux et tînt la main à leur exécution qui jusqu'alors avait été souvent négligée; enfin il obtint du roi que le cabinet des médailles qui avait été transporté à Versailles, pour permettre à Louis XIV de les consulter, fut remis à sa place naturelle avec les autres collections à la Bibliothèque, dans le bâtiment de l'arcade Colbert, sur la rue de Richelieu. Jean-Paul Bignon étant mort, son neveu, Armand-Jérôme Bignon fut nommé, en 1743, à sa place. L'expulsion des Jésuites, en 1763, fournit l'occasion d'augmenter encore le nombre des imprimés; puis le fils de Jean Racine offrit au roi les papiers de son père, ensuite on acquit la collection importante de Fontanieu et celle de Fevret de Fontette, le cabinet du comte de Caylus et les médailles du marquis de Beauvau.

Sous Louis XVI, les deux principales acquisitions furent le don que le sieur Pellerin fit à la Bibliothèque du roi de sa rare collection de médailles dont une souveraine étrangère, l'impératrice de Russie, lui avait fait offrir une fortune; puis l'achat que l'on fit des ouvrages précieux de la bibliothèque du duc de la Vallière, parmi lesquels se trouvait un livre unique : la *Christianismi restutio* de Servet. Le roi Louis XVI, sans avoir rendu sa Bibliothèque publique, en avait autorisé l'ouverture régulière de 9 à 2 heures deux fois par semaine pour ceux qui avaient des ouvrages à consulter et qui n'étaient pas munis d'autorisations spéciales; les autres jours les privilégiés seuls pouvaient y travailler, toute facilité leur était donnée à cet égard et des prêts leur étaient faits sur leur demande. Les catalogues et le classsement étaient au courant, l'ordre régnait au milieu des collections, la recherche y était simple et rapide.

Par suite de la confiscation des biens du clergé et de la fermeture des couvents, la grande Révolution contribua à enrichir la Bibliothèque Nationale de plus de 100,000 volumes imprimés ou manuscrits. Plusieurs vols furent malheureusement commis à cette époque et sous Bonaparte, les commis infidèles chargés de verser les ouvrages confisqués en ayant gardé une partie. L'un des plus importants fut le détournement opéré par Chardon de la Rochette, qui devant faire rentrer à la Bibliothèque Nationale les ouvrages venant des bibliothèques du département de l'Aube, en dépôt à Troyes, s'empara des manuscrits les plus beaux et les garda pour lui et quelques amis en modifiant les catalogues et les reçus qu'on lui avait fait signer. Il y eut aussi bien des mutilations regrettables commises sur les reliures si belles de la Renaissance et des époques qui suivirent; mais d'un autre côté combien il est heureux qu'aujourd'hui toutes ces richesses, qui autrefois étaient éparses, enfouies dans des coins où elles dormaient depuis des siècles, ne profitant qu'à quelques savants, soient devenues publiques, rendant ainsi un service qu'on ne saurait trop apprécier et qui sans une mesure aussi radicale que celle qui a été prise par la première République n'aurait jamais été obtenu qu'avec une extrême lenteur, retardant ainsi bien des générations et bien des progrès.

Sous la première République, en 1796, l'architecte Bellissen n'exécuta point de travaux. Son successeur, François-Joseph Bélanger, né à Paris en 1744, mort à Paris le 1er mai 1818, modifia quelques intérieurs afin d'aménager les locaux de la Bibliothèque, de 1797 à 1811, pour recevoir les nouvelles acquisitions qui consistaient en grande partie en manuscrits rares et livres précieux envoyés par Napoléon Ier et les généraux français de toutes les Capitales de l'Europe, comme témoignage de leurs victoires. A ce moment il fut encore question de déplacer la Bibliothèque pour la transporter au Louvre; mais ce projet n'aboutit pas et heureusement, car cet emplacement, voisin du siège de l'État, a souvent subi le contrecoup de nos révolutions politiques, ainsi que nous l'avons vu plus haut. Delannoy (1),

(1) Delannoy, François-Jacques, né à Paris le 27 octobre 1755, élève d'Antoine, eut le grand prix en 1799. Il fit un projet pour la reconstruction de la Bibliothèque royale, publié par son fils en 1839. Il fut remplacé par Visconti et mourut le 27 juillet 1835 à Sèvres.

qui fut architecte après Bélanger, comprenant la nécessité de créer une place nouvelle, étudia un projet d'agrandissement sans avoir l'occasion de laisser un travail susceptible de marquer son court passage, de 1811 à 1823, à la Bibliothèque du roi Louis XVIII.

En 1831, un vol très important fut commis au cabinet des médailles. Ce vol avait été favorisé par la mitoyenneté qui existait entre ce département et les maisons voisines sur la rue Richelieu du côté de l'arcade Colbert, aujourd'hui démolie.

On continua à entasser dans les greniers tous les ouvrages que l'exiguïté de la place ne permettait pas de loger ailleurs, la disposition des bâtiments étant peu favorable à une bonne distribution et les meilleurs emplacements étant occupés par les employés, chargés, à un titre quelconque, de la garde des collections.

Les locaux étant devenus tout à fait insuffisants l'architecte Visconti fut chargé par Louis-Philippe, en 1831, d'étudier le moyen d'utiliser les galeries du rez-de-chaussée, longeant la rue Vivienne, laissées vacantes par la Bourse; puis de modifier les distributions intérieures. Ces demi-mesures restèrent impuissantes et la seconde République demanda à l'architecte, en 1851, un projet de restauration et d'agrandissement de la Bibliothèque Nationale. Le projet de Visconti consistait en la suppression des hôtels de Tubeuf et de Nevers qui devaient être remplacés par un bâtiment à six étages sur la rue Neuve-des-Petits-Champs pour y loger l'administration et les employés, ensuite la galerie Mazarine ainsi que les parties construites sous Louis XIV et sous Louis XV devaient être restaurées ; enfin de nouvelles galeries devaient s'élever sur l'emplacement où existaient encore quatre maisons, rue Vivienne, voisinage qui a toujours été considéré comme une cause permanente de danger d'incendie pour les richesses renfermées dans le monument. La mort ne permit pas à cet artiste (1) de commencer le travail qu'il avait projeté et en 1854 un nouvel architecte vint le remplacer.

On possède un plan de la Bibliothèque du roi en 1754, puis la *Revue d'Architecture* (2) a publié un plan de ce qu'était la Bibliothèque en 1850, enfin cette même Revue a publié, en 1878, volume XXXV,

(1) Visconti, Louis, Tullius, Joachim, architecte né à Rome le 11 février 1791, mort à Paris le 27 décembre 1853, élève de Charles Percier. Il fut architecte du Louvre.

(2) Voir dans la *Revue d'Architecture* : Vol. I, pag. 122, 123, 490, 543, 632 — vol. II, pag. 47, 377, 602, 613 — vol. III, pag. 537 — vol. IV, pag. 142, 182 — vol. V, pag. 383 — vol VII, pag. 197, 302 — vol. VIII, pag. 154, 279, 416 — vol. X, pag. 55, 381 — vol. XI, pag. 43, 149, 342, 392 — vol. XIII, pag. 235 — vol. XV, pag. 80 — vol. XVI, pag. 13, 37 — vol. XXIV, pag. 128, 234 — vol. XXV, pag. 45, 187 — vol. XXVI, pag. 46 — vol. XXVII, pag. 134 — vol. XXVIII, pag. 41 — vol. XXIX, pag. 259, 269 — vol. XXX, pag. 231, 245 — vol. XXXI, pag. 56, 91, 168 — vol. XXXII, pag. 42, 119, 137, 138 — vol. XXXIII, pag. 45, 75, 232 — vol. XXXIV, pag. 60 — vol. XXXV, pag, 144, 242 — vol. XXXVI, pag. 3 — vol. XXXVII, pag. 133.

planche 40, ce que la Bibliothèque Nationale était devenue à cette époque.

Le nouvel architecte de la Bibliothèque impériale, M. Henri Labrouste (1), était préparé à la besogne

(1) Pierre, François, Henri Labrouste, né à Paris le 11 mai 1801, fut pensionnaire de l'Académie de France à Rome, architecte du Gouvernement, membre de l'Institut de France et des Académies de Londres, de New-York, de la Haye, de Lisbonne et de Madrid, membre de la Commission des Monuments historiques, Inspecteur général des Édifices diocésains, Président de la Société centrale des Architectes, membre de la Commission des Beaux-Arts de la ville de Paris, membre du Conseil supérieur de l'École des Beaux-Arts, etc. Comme architecte, il construisit la Bibliothèque Sainte-Geneviève, la Bibliothèque nationale, le Séminaire de Rennes; puis les hôtels Fould, de Vilgruy, Thouret et Rouvenat. Il est décédé à Fontainebleau le 24 juin 1875, laissant un fils, Pierre, François, Léon Labrouste, architecte du Gouvernement, et un petit-fils nommé Henri, Théodore. P. F. Henri Labrouste était le fils d'Alexandre Labrouste, administrateur du département de la Gironde, membre du Conseil des Cinq Cents, membre du Tribunat et secrétaire du Comité des finances, administrateur de la Caisse des Dépôts et Consignations et receveur à Paris, inhumé dans la chapelle des Invalides, et le petit-fils de Jérôme Labrouste de Prémeynard, Directeur général des vivres des armées du Roi sous Louis XV. Jérôme était fils de Pierre Labrouste, Courtier royal de la marine, homme instruit, philanthrope éclairé et petit-fils de Richard Labrouste, capitaine de vaisseau sous Louis XIV. Le père de Richard Labrouste, nommé Guillaume, son grand'père nommé François et son bisaïeul nommé Charles, appartenaient également à la marine des ports de Bordeaux et de Rochefort. Les armoiries de la famille Labrouste sont : Parti d'or et de sable. L'or aux tables de la loi de sable surmontées d'un gouvernail du même ; le sable aux trois besans d'or, deux et un ; le tout soutenu d'une champagne de gueules du tiers de l'écu, la

qu'il allait entreprendre ayant déjà été appelé à traiter ce programme.

M. Henri Labrouste entra, en 1819, à l'École des Beaux-Arts et y obtint huit médailles d'argent. Il remporta le second grand prix en 1821, le prix départemental en 1823 et le premier grand prix en 1824. Ses projets à l'École furent remarqués par une dissemblance très accusée avec ceux des élèves de son temps et faisaient pressentir le désaccord qui éclata entre le pensionnaire de l'Académie de France à Rome et l'Institut. Ce désaccord dans la méthode d'enseignement ne laissa plus un doute lorsque ce pensionnaire fit ses envois et sa restauration des antiquités de Pœstum (1). De retour à

champagne renferme la Croix de la Légion d'honneur, distinction que l'empereur Napoléon Ier y avait attachée et qui fut maintenue par le roi Louis XVIII. Parmi les alliés de la famille Labrouste figurent : Le Conseiller lieutenant-général au palais de Bordeaux, Nau de Ducros; le jurisconsulte Denis Tronchet; le chevalier Jean, Georges Gourg de la Frégonière, brillant officier de la marine royale; le député aux États-Généraux, membre du Conseil des Cinq-Cents, président de la Cour de cassation, pair de France, comte Emmery de Grozyeulx; le conventionnel Alexandre Deleyre; le député Dangibaud; le président de la Chambre, pair de France, Simon Ravez; le littérateur, secrétaire perpétuel de l'Académie française, Stanislas Andrieux; le président de la Cour impériale de Paris, député, membre de l'Assemblée constituante, Saint-Albin Berville; l'Académicien allemand Jean-Frédéric Simon; Viennot, l'ami de Robespierre, et le savant physicien Henri-Daniel Ruhmkorff.

(1) Voir : *Restauration des Monuments antiques par les Architectes pensionnaires de l'Académie de France à Rome,*

Paris, il ouvrit un atelier et fut adjoint à M. Duban (1) pour les travaux de l'École des Beaux-Arts; puis il fut nommé architecte de la Bibliothèque Sainte-Geneviève où il étudia de suite, en vue d'un besoin futur, un projet de reconstruction pour cette établissement. C'était pour M. Henri Labrouste (2), l'occasion vivement désirée de produire une œuvre de style comme il la comprenait, en y introduisant le fer, élément étudié par lui de longtemps, absolument inusité dans l'application qu'il voulait lui donner, métal précieux qui allait jouer un rôle important par suite du manque de bois. Je dis œuvre de style parce que je crois que le style est l'expression caractéristique propre au besoin dominant d'une époque.

On venait de terminer à Paris, en 1850, un édifice :

depuis 1788 jusqu'à nos jours publiées avec les mémoires explicatifs des auteurs, sous les auspices du Gouvernement français, temples de Pœstum, par H. Labrouste, Paris 1877. — Voir : *Compte-Rendu sur la restauration de Pœstum*, exécutée en 1829 par Henri Labrouste, grand prix d'Architecture en 1824, membre de l'Institut, par M. L. Dassy, membre fondateur de la Société de l'Histoire de l'Art français, Paris 1879.

(1) Voir : *Protestation contre l'épithète de Bertrand donnée à un maître*, par M. L. Dassy, Paris 1878.

(2) Voir : *Notice sur la Vie et les Ouvrages de M. Henri Labrouste,* par M. le Vicomte Henri Delaborde, secrétaire perpétuel de l'Académie, Paris 1878. — Voir : *Notice biographique sur Henry Labrouste*, architecte, membre de l'Institut, président de la Société centrale des Architectes, sa Vie, ses Œuvres (1801-1875), par Eugène Millet, architecte, inspecteur général des Édifices diocésains, Paris, 1879.

la Bibliothèque Sainte-Geneviève (1), qui par la nouveauté des éléments constructifs et décoratifs qu'il renfermait — l'emploi du fer comme élément principal de construction et de décoration n'avait pas encore été mis en usage et par son programme même — à cette époque il n'existait aucune bibliothèque ne renfermant que des livres — avait soulevé dès 1838 contre son auteur, les préventions, les critiques les moins généreuses dont l'expérience ait eu à faire justice. Le projet combattu, fut sur le point de ne pas voir le jour, tant son originalité avait effrayé la majorité des architectes; cependant le succès ayant couronné cette œuvre dont la dépense avait été inférieure aux devis, l'artiste mieux compris, fut désigné pour occuper la place laissée vacante à la Bibliothèque impériale. Là, comme à Sainte-Geneviève, M. Henri Labrouste devait montrer sa sincérité artistique en accusant franchement sa pensée toutes les fois que libre de l'ordonnance existante il pouvait être lui-même; comme à Sainte-Geneviève, appréciant le secours que les progrès de l'industrie pouvaient apporter à son art, il donnait à ces éléments nouveaux une forme nouvelle, spéciale, appropriée et mettait en pratique une fois de plus ce qu'il n'avait cessé de faire sentir dans ses projets à l'École des

(1) Voir : Le *Journal des Débats* du 31 décembre 1850, feuilleton, Embellissements de Paris, par F. Barrière. — Voir : l'*Illustration* du 11 janvier 1851, page 29, article par Henry Trianon.

Beaux-Arts, dans ses études à l'Académie de France à Rome et dans son enseignement à ses nombreux élèves : que l'Architecture doit répondre d'une manière rationnelle à la satisfaction complète des besoins et des aspirations d'une époque par les moyens résultant de son degré de civilisation.

III

Je vais essayer de faire suivre pas à pas, jour par jour les travaux entrepris en formant de leur énoncé un véritable journal.

M. Henri Labrouste, en 1854, commença par la restauration de la partie des bâtiments située sur le jardin de la rue Vivienne, les travaux qu'il devait exécuter à la Bibliothèque. Cette partie construite en briques et pierre offrait un réel intérêt artistique; elle avait disparu sous les nombreuses annexes qui y avaient été accolées. Le premier travail entrepris fut la réfection des murs en mauvais état de la façade postérieure de l'ancien hôtel Tubeuf donnant sur le jardin; puis en 1855, cette restauration s'étendit à la façade de la galerie Mazarine. Le jardin, caché par le grand mur et les arcades qui se trouvaient sur la rue Vivienne, fut rendu à la lumière; enfin, par suite de l'arrachement des arcades et du mur sur la rue Vivienne d'avec le pavillon de l'hôtel Tubeuf, celui-ci, restant dans un fort triste état, dut être presqu'entièrement refait. L'année suivante on terminait ce pavillon, on faisait les perrons et on commençait le jet d'eau dans le jardin, on appropriait ce qui restait de la galerie à arcades de l'ancienne bourse à rez-de-chaussée, du côté de l'hôtel des Étrangers, pour y installer les bureaux de l'administration, là où avait été placé antérieurement le télégraphe; puis on commençait la belle grille qui se voit aujourd'hui sur la rue Vivienne en remplacement du bâtiment à arcades démoli en 1855. L'architecte entreprenait aussi la mise en état de la cour de l'hôtel sur la rue Neuve-des-Petits-Champs dont la restauration durait trois années. En 1857, on s'occupa d'abord du bâtiment de droite qui longe la rue Vivienne dans lequel on fit le logement du concierge et celui du chauffeur de la Bibliothèque, service très important, au-dessus furent faits les appartements du Directeur où on arrive par un grand escalier. La couverture fut remaniée, le bâtiment du milieu surmonté d'un campanile et le tout complété de cinq élégants poinçons. A la fin de cette même année, le 19 décembre, une commission fut formée pour examiner les besoins toujours croissants de la Bibliothèque impériale, cette commission fit son rapport le 20 juillet de l'année suivante et conclut à la demande d'un projet d'agrandissement. En 1858, deux vases étaient faits et placés sur des piédestaux sur le perron milieu de l'ancien hôtel Tubeuf du côté du jardin, qui venait d'être planté et qui recevait la décoration de piédestaux et de vases qu'on y voit, le jet d'eau était terminé et toute cette portion de l'ancienne habitation de Mazarin avait retrouvé sa splendeur d'autrefois. On poursuivait avec le même soin la décoration de la cour à l'angle de la rue Vivienne et de la rue des Petits-Champs, dite cour de l'Ancien Trésor, parce que les bâtiments qui l'entouraient continrent le Ministère des Finances jusqu'en 1826 et où se trouve aujourd'hui l'administration; le bâtiment de gauche en était réparé pour être occupé par les ateliers de reliure, l'appartement du secrétaire de la Bibliothèque et le logement du chef de service; puis la cour elle-même, recevant un dallage décoratif, était séparée en deux parties par un bahut supportant deux candélabres en fer forgé d'une composition parfaitement en rapport avec le reste des bâtiments; enfin les logis sur la rue étaient remplacés par une grille et la porte monumentale de l'entrée était dégagée et modifiée.

Ce fut le 29 avril 1859 que le projet d'agrandissement demandé par la commission et présenté par M. H. Labrouste fut approuvé. Les employés supérieurs de l'administration de la Bibliothèque, peu satisfaits sans doute, de se voir expropriés dans le nouveau projet, ne ménagèrent point les critiques et cependant les incendies, qui se sont déclarés dans les logements donnés, prouvent combien cette mesure était justifiée; car s'ils n'ont pas eu de suite ils n'en ont pas moins été une menace. Mais avec l'appui de M. Fould le projet fut maintenu et les employés perdirent au profit des collections, logements et jardins; une seule modification fut accordée, la suppression des arcades à jour, fermées par des grilles, qui devaient décorer le rez-de-chaussée de la place Louvois, en façade sur le square qui a remplacé l'ancien opéra, brûlé en 1822. Ces arcades, ornées de statues, de sculptures et de monuments épigraphiques, devaient servir à la circulation et de la grande cour d'honneur, placée de ce côté, elles devaient laisser jouir de la perspective du square. Malgré cet avantage sérieux, le Directeur objecta que la Bibliothèque n'était plus en sûreté si tout le monde pouvait avoir des vues sur ses bâtiments intérieurs et les arcades furent remplacées par un mur plein.

L'année 1859, on travailla à la partie milieu du bâtiment sur la cour de l'Ancien Trésor, aujourd'hui cour de l'Administration, rue Neuve-des-Petits-Champs, on restaura les parties de sculpture qui avaient été dégradées et on refit les lucarnes en pierre ; puis on démolit les anciens bâtiments de l'hôtel de Nevers au coin de la rue Neuve-des-Petits-Champs et de la rue de Richelieu, réunion de masures sans valeur occupées par des logements, pour commencer l'exécution du projet d'agrandissement et de reconstruction approuvé. On fonda un bâtiment neuf sur la rue des Petits-Champs pour le dépôt des imprimés, dit salle Labédoyère et la rotonde d'angle de la rue Richelieu, dit pavillon Voltaire ; enfin on fit un petit bâtiment sur la rue des Petits-Champs pour relier l'ancienne architecture avec la nouvelle. L'année suivante la démolition s'était étendue à la galerie faisant suite à la salle des gravures, sur la petite cour derrière la reliure, afin de la refaire à neuf en l'éclairant de cinq fenêtres à rez-de-chaussée pour le dépôt des estampes et au premier étage d'un nombre égal d'ouvertures pour donner de la lumière dans l'emplacement affecté à la salle de travail et au dépôt des cartes géographiques. On profitait des travaux entrepris sur la cour des Estampes, dite cour de la Reliure, pour restaurer de ce côté la façade du bâtiment de la reliure. C'est aussi en 1860 qu'a été commencé l'installation des premiers égouts de la Bibliothèque. Pendant ce temps les travaux sur la rue de Richelieu étaient poussés avec ardeur. La construction avait tourné l'angle de la rue, au-delà de la rotonde et comprenait les fondations du bâtiment devant servir plus tard aux postes de ligne et de sergents de ville, aux violons et au dépôt de la pompe; puis aux pompiers à l'entresol; enfin à l'installation provisoire du vestibule des médailles, du dépôt des médailles et du cabinet des médailles lui-même au premier étage sur la rue Richelieu. En 1861, la nécessité de créer au premier étage une salle de lecture pour les manuscrits, à proximité des locaux renfermant ces précieuses collections, engagea à pratiquer des caves dans le terre-plein du bâtiment milieu de l'ancien hôtel Tubeuf pour y installer des calorifères destinés au chauffage de cette salle. Les travaux neufs étaient également continués malgré les difficultés qu'ils rencontraient journellement. En effet : la prise par l'architecte de tout bâtiment ancien, destiné à la restauration ou à la démolition, nécessitait un remaniement complet dans les collections, qui ne pouvaient être placées au hasard sous peine d'interrompre complètement le service de la Bibliothèque. Les livres étaient tellement entassés et la place manquait d'une manière si absolue que le terrain cédé offrait toujours un chantier insuffisant à une prompte exécution. On venait cependant de commencer la grande Salle de Travail et un bâtiment faisant suite aux médailles, sur la rue de Richelieu, pour y placer le catalogue. L'année qui suivit on commença le magasin central des imprimés qui fait suite à la salle de travail, tout en continuant les travaux en cours d'exécution, dont une partie recevait déjà les couvertures; la salle de lecture des manuscrits se terminait et recevait ses tables, ses fauteuils, ses encriers; enfin dans le même bâtiment à rez-de-chaussée on créait une salle de cours, précédée d'un vestibule et accompagnée d'un bureau pour le professeur. Les faïences émaillées des coupoles de la grande Salle de Travail et les fers qui les supportent étaient commencés en 1863. Ces faïences émaillées, qui n'ont que $0^{m},009$ d'épaisseur, atteignent souvent les dimensions de $1^{m},00 \times 1^{m}50$, elles sont à double courbure et ont été fabriquées en Angleterre dans les ateliers de M. W. T. Copeland. On continuait aussi, en 1863, le magasin central et la galerie du rez-de-chaussée construite par Mansard pour le cardinal de Mazarin fut restaurée pour recevoir d'une manière définitive les estampes et précédée d'une petite salle d'exposition. Au milieu de cette petite exposition se trouve une vitrine-pupitre entourée d'une banquette ; au premier étage correspond la salle dite du Parnasse connue aussi sous le nom de chambre de Mazarin, désignation que rien ne motive particulièrement. La galerie des Estampes ne reposant pas sur caves, le sol de cette salle a été exhaussé pour permettre le passage des conduites de chaleur et la ventilation. A la suite de cette galerie se trouve le cabinet du Conservateur de ce département dont les superbes boiseries proviennent de la démolition des parties anciennes. On plaça aussi à côté des estampes l'atelier de collage. Le gros œuvre de la salle de travail des imprimés ou grande salle de travail étant terminé l'an qui suivit, on commença le comble en fer surmontant les coupoles, ensuite on entreprit la décoration sculptée et la serrurerie. L'installation du service des pompiers dans la Bibliothèque et l'organisation des secours, appareils et réservoirs, contre l'incendie furent commencés en 1865, à ce propos l'architecte répétait souvent : il ne suffit pas de posséder des moyens efficaces de combattre le fléau, il faut éviter de lui fournir des aliments; car en cas de sinistre l'eau serait aussi dangereuse que le feu. Dans le même temps on finissait la serrurerie de la salle de travail et le magasin central était terminé. On fit aussi les travaux nécessaires pour chauffer le bâtiment destiné provisoirement aux médailles et celles-ci y furent installées; enfin une salle spéciale fut décorée afin de recevoir la magnifique collection que le duc A. de Luynes léguait à la Bibliothèque impériale et dont la valeur dépassait 2.000.000 de francs. En 1866, l'architecte remplaça les anciens tasseaux, reposant dans des crémaillères pour supporter les tablettes, par un système ingénieux donnant une économie de place fort appréciable; la hauteur des tasseaux restant perdue et ceux-ci écorchant souvent les reliures. Ce système consistait en deux montants en chêne, formant les divisions verticales des corps de bibliothèque, percés de trous ronds, de 0m007 de diamètre, espacés de 0m035 d'axe en axe, recevant une clavette en cuivre, qui par sa forme présentant trois faces d'inégale hauteur, donne des variations de 0m011 environ pour placer les tablettes. Donc aucun espace perdu, cette hauteur de 0m011 étant indispensable pour le jeu nécessaire à la mise en rayon des volumes. Les menuiseries de la salle de Travail se terminaient et la salle destinée au catalogue recevait une installation définitive. C'est alors que le pavillon de l'entrée provisoire, le logement du concierge et le vestibule de la grande salle de travail des imprimés étaient entrepris et poussés avec activité. Ce vestibule est en pierre d'Euville, les parois verticales figurent une draperie d'une sculpture très sobre et décorative offrant une série de 54 médaillons alternés de marbre Campan vert et de Sarrancolin des Pyrénées. Le dallage est fait de carreaux de liais de Grimault avec coins ronds en marbre rouge antique et encadrements de marbre vert de mer.

Enfin, l'année 1867, on voyait finir cette série de grands travaux, qui depuis longtemps commencés, étaient attendus avec un légitime désir. Dès lors, cette partie pouvant être utilisée, l'emménagement commença et pour le faciliter une galerie de bois, construite au-dessus du vestibule dont nous venons de parler, mit en communication les bâtiments que la salle de travail des imprimés et le magasin centrale avaient séparés. Malheureusement cette galerie fut conservée ensuite par l'administration de la Bibliothèque, en dépit de son aspect provisoire, et, empêche encore de juger l'effet de la façade sur la cour d'honneur. On continuait aussi le pavillon de l'entrée provisoire et le vestibule de la salle de travail qui déjà recevait sa draperie sculptée dans la pierre avec ses médailles en marbre. L'ameublement complet fait sur les dessins de l'architecte s'installait et les derniers besoins du service pour le magasin central des imprimés, rails, wagons, monte-charges pour les livres, sonneries à air de MM. Lavaud et Martel, communications de toutes sortes étaient mis en place et établis. Ces rails et ces wagons avaient été alors placés dans les sous-sols, étage auquel aboutissaient tous les monte-charges, afin de faire arriver promptement au bureau chargé de les centraliser les ouvrages demandés. Ce travail était appelé à rendre par la suite des services d'autant plus grands que les constructions laissées inachevées devant être prolongées à des distances fort éloignées, elles se trouvaient, par ce moyen, reliées entre elles, passant sous les cours, évitant les escaliers, les détours et les retards de transmission que le lecteur est souvent appelé à accepter dans ses demandes. Le sous-sol a reçu, en 1877, une destination différente. Il ne faut pas oublier dans les aménagements le dépôt des cannes et parapluies, les urinoirs et cabinets, les lavabos, la ventilation, le chauffage et les mille détails qui complètent un édifice public. Le tambour de la porte d'entrée de la salle de travail était mis en place. Ce tambour est en chêne sculpté, peint couleur vieux chêne, uni en trois tons et enrichi d'ornements dorés; la porte du milieu, qui a été remplacée par une glace, servait d'entrée pour les personnages, tandis que deux portes latérales donnaient accès au public. Elle était également peinte en couleur chêne plusieurs tons et décorée d'ornements plats dorés dans chacun des petits panneaux dont elle se compose; les frises, les tablettes d'inscriptions et le plafond était peint en laque rose.

L'année 1867 se terminait par la réception de M. Henri Labrouste à l'Académie.

Le journal l'*Illustration*, du 30 mai 1868, et *Paris Nouveau Illustré*, ont reproduit la vue de la grande salle de travail des imprimés et du magasin central.

Les bâtiments ont été faits avec la plus grande économie sans négliger cependant les lois générales de la bonne construction. Les façades sur les rues et sur la cour d'honneur sont en pierre de taille ; mais les murs intérieurs de tout le reste des constructions neuves de la Bibliothèque sont en moëllons divisés de 4^{m},60 en 4^{m},60, d'axe en axe, par des piliers en pierre de taille portant harpes et recevant le poids des poutres, des planchers et des fermes du comble. La hauteur verticale des murs est divisée tous les 2^{m},30 par un bandeau, également en pierre de taille, destiné à recevoir le solives des planchers qui sont toujours à des hauteurs représentées par un multiple de ce nombre ; tous les arcs sont en briques ou en fer, tous les planchers et tous les combles sont en fer, sur les combles existe une chemin de ronde avec garde-corps permettant de circuler facilement en cas d'incendie. Les plafonds laissent la construction visible pour en tirer un parti décoratif ; les fenêtres, un grand nombre de portes et d'escaliers sont également en fer ; donc toutes les mesures ont été prises contre l'incendie.

Ces dispositions générales sont très sensibles dans la grande salle de travail des imprimés où la décoration accuse très franchement cette construction sage et économique. En effet, de gros piliers, supportant les arcs en briques, forment l'ossature de la maçonnerie ; dont les grands espaces en moëllons, compris dans les arcades, ne forment que les remplissages. Ces piliers sont décorés de bandeaux ornés qui alternent avec des parties lisses et supportent les galeries espacées de 2m,30 plancher compris. Cette hauteur a été jugée convenable pour supprimer les anciens, incommodes et bruyants escabeaux roulants. Les colonnes, les arceaux et les coupoles en fer, sont indépendants de la maçonnerie ; leurs assemblages permettent la dilatation ou l'extension qui peut se produire de telle sorte que la fatigue se répartit toujours également. Ces éléments viennent former nervures dans la salle et supportent la toiture qui n'est pas reliée à la pierre ; évitant ainsi l'intimité de deux matières si diverses, employées sur une vaste échelle. Le fer, demeurant apparent dans la salle de travail, est en harmonie avec tout le reste des magasins et donne à cette partie de l'édifice une grande légèreté, tout en restant dans des hauteurs possibles à chauffer. Cette proportion n'aurait pu être obtenue probablement sans la division du vaisseau général en neuf coupoles.

Le magasin central des imprimés qui fait suite à la salle de travail est entièrement semblable comme mode de construction à cette salle ; son mobilier seul a dû subir les modifications réclamées par la nature même de ses planchers à claires-voies. Cette partie est particulièrement curieuse. C'est un parallélogramme énorme, fermé par quatre murs laissant entre eux un espace occupé par les corps de Bibliothèque, disposés dans le sens du petit côté. Les rayons sont formés de fers en X verticaux, montant de fond, espacés de 4m,60 et bandés entre eux par des tirans en fer plat, posé horizontalement, à hauteur des planchers. Les tirans, placés sur champ, sont raidis par des plaques en fonte à claires-voies servant à la circulation. Le tout est éclairé par le haut et la lumière passe à travers les plaques à jours des quatre étages supérieurs pour se répandre dans le sous-sol, où elle arrive encore suffisante pour les besoins du service. Le milieu du magasin est libre et les côtés, à droite et à gauche, sont occupés par les livres. Des passerelles en fer à jours relient ces côtés, tandis que des escaliers en fer à claires-voies donnent accès aux différents étages.

En effet, le programme que s'était donné l'architecte avait été : dans un quartier où il est difficile de s'étendre, sur un terrain limité, créer le plus grand emplacement possible pour les collections. D'où la suppression des cours et l'éclairage par le haut.

Revenons à la salle de travail.

Il fallut isoler celle-ci du bruit de la rue et la placer au centre des collections pour éviter tout retard dans la communication des ouvrages au public? C'est ce qui a été fait. Il était nécessaire de donner à tous les lecteurs la même quantité de lumière, d'air et de chaleur? C'est ce qui a été cherché. L'éclairage venant d'en haut et le jour étant divisé on a évité les ombres portées en général, surtout celle du lecteur sur son livre et l'ombre des trumeaux, résultant des fenêtres verticales qui se rencontraient dans les anciennes salles, créant ainsi de bonnes et de mauvaises places; ces dernières étant souvent le lot du public. Des conduits d'eau chaude passent sous les pieds des lecteurs assis ou travaillant debout devant les pupitres et des poêles autour de la salle répandent l'air chaud des calorifères dans l'espace. La chaleur, en montant, passe au-dessus de la partie vitrée des coupoles par le couronnement du haut, qui renferme des parties pleines et des parties découpées et se répand dans une chambre construite pour la recevoir; de cette façon, la déperdition est peu sensible et la buée provenant du refroidissement extérieur ne peut se produire contre les glaces, pour retomber ensuite sur les lecteurs et sur les livres. Puis l'été, non content de ventiler la salle par les prises d'air placées à son pourtour, un appel puissant, vaste écran, a été placé au nord, amenant l'air dans les caves où passant sous une pluie continuelle d'eau froide, il est livré aux lecteurs à une température inférieure de quatre degrés centigrades à l'air du dehors pris à l'ombre. Un service complet contre l'incendie a été créé dans la salle de travail et dans le magasin central.

Mais laissons la parole à M. Henri Labrouste, voici ce qu'il écrivait en 1867 :

« La nouvelle salle de lecture occupe l'espace où « existaient, il ya dix ans, les cours intérieures des « anciens hôtels où fût placée la Bibliothèque im- « périale. 344 lecteurs assis devant des tables pour-

« ront y trouver place facilement et 70 personnes « pourront, si elles le préfèrent, lire debout devant « des pupitres. Cette disposition a été adoptée pour « les personnes qui font à la Bibliothèque de lon- « gues séances et préfèrent souvent se tenir debout « pour se reposer ou du moins pour changer de « position pendant quelques instants. C'est un total « de 414 personnes qui pourront être admises « simultanément dans la nouvelle salle de lecture.

« Chaque lecteurs assis ou se tenant debout aura « les pieds sur les chaufferettes d'eau chaude. « Les tuyaux qui contiennent l'eau chaude et la « ramènent au foyer principal ont une longueur de « 200 mètres. Outre cela le chauffage de la salle est « assuré par 24 poëles à air chaud.

« La partie de la salle réservée au public pré- « sente une superficie de 1,155 mètres. La salle est « terminée par un vaste espace en forme d'hémi- « cycle de 140 mètres de superficie. L'ensemble de « cette salle d'étude est donc de 1,300 mètres « superficiels.

« Adossés aux murs de cette salle sont rangés « 40,000 volumes disposés en trois étages par des « balcons saillants auxquels on accède par des « escaliers placés aux angles de la salle; mais non « pas des échelles roulantes comme dans l'ancienne « salle de la Bibliothèque impériale.

« Au fond de la salle de lecture se trouve le « vaste dépôt des livres offerts à l'étude. Ce dépôt, « auquel on accède par une large ouverture vitrée

« et décorée de deux cariatides de 4 mètres de « hauteur, à 1,218 mètres de superficie et est « éclairé par un plafond vitré.

« La disposition de ce vaste dépôt de livres per- « met d'y placer en cinq étages, de chacun 2 m. 30 « de hauteur, 900,000 volumes, et devra rendre « faciles les recherches à faire et la communica- « tion rapide des livres demandés. Des galeries « contenant des livres et éclairées sur les rues « Richelieu, des Petits-Champs et de l'Arcade- « Colbert entourent complètement la salle de lec- « ture, placée au centre et qui se trouve ainsi « garantie contre le bruit des rues environnantes.

« Les constructions nouvelles auront conservé « dans leur ensemble à l'extérieur l'aspect des « constructions anciennes, que leur état de dégra- « dation a obligé de démolir. Quant à l'intérieur « des salles destinées aux collections et au public « admis à consulter ces collections, on a pas hésité « à y introduire les procédés de construction « découverts ou du moins appliqués depuis 35 ans. « Ces procédés ont été pratiqués franchement, « espérons-le, au profit de la durée de l'édi- « fice et de la sécurité des collections qu'il ren- « ferme.

« Tous les murs sont en pierre ou en briques ; « toutes les charpentes des planchers et des com- « bles sont en fer. Les voûtes sont en maçonnerie, « celles de la grande salle de Lecture sont en fer « forgé revêtu de faïences peintes et émaillées,

« par conséquent inaltérables dans les couleurs « qui les décorent.

« Une série de portraits ou médaillons de per- « sonnages de l'antiquité ou des temps modernes « décore la partie supérieure de la salle de Lecture. « Ces 48 médaillons ont été exécutés par des ar- « tistes français.

« Les deux cariatides placées au fond de la « salle sont dues au talent de M. Peraud, sculpteur « et six grands tableaux représentant des paysages, « d'une exécution simple et d'un dessin grandiose, « ont été confiés à la main exercée de M. Desgoffe.

« L'architecte a pensé que ces peintures calmes « et fraîches convenaient mieux pour décorer une « salle destinée à l'étude que des sujets historiques « qui auraient eu peut-être l'inconvénient de dis- « traire les lecteurs venus ici pour étudier. »

Tout lecteur qui désire étudier dans la salle de Travail doit être muni d'une carte délivrée au Secrétariat de la Bibliothèque. En entrant dans la salle, il est remis au lecteur par un employé assis à un petit bureau un bulletin que celui-ci garde en allant choisir une place. Sa place trouvée, le lecteur, muni de son bulletin, sur lequel il a inscrit : son nom, son adresse et le numéro de la place qu'il a prise, se rend à l'un des petits pupitres servant à faire l'inscription de sa demande. S'il y a lieu, il consulte les catalogues placés à côté ; puis il remet son bulletin signé au bureau des Bibliothécaires et s'en retourne à sa place, où un employé lui livre l'objet de sa demande à son arrivée du magasin.

Le *Moniteur* du 12 juin 1868, page 825, a publié un article de M. Henri Lavoix, conservateur des Médailles, sur l'ouverture de la salle de Lecture dite salle de Travail de la Bibliothèque impériale.

Cette salle de Lecture est ouverte au public tous les jours excepté le dimanche et fêtes. Les séances durent de 10 heures du matin à 4 heures de l'après-midi. Les vacances, qui sont de quinze jours, ont lieu au moment des fêtes de Pâques.

En Angleterre, il a été construit, il y a 25 ans environ, à Londres, une grande salle de Lecture circulaire destinée au public. Cette salle, qui est éclairée par des fenêtres verticales placées à une grande hauteur du sol, est couverte par une coupole d'un diamètre de 140 pieds anglais, c'est à dire presqu'aussi grande que celle de Saint-Pierre, à Rome. Elle contient 300 lecteurs disposés en rayons, le bureau des Bibliothécaires est au centre et la superficie de la salle est de 1,428 mètres. La construction de cette salle, dont le vaisseau a été inspiré par le cirque, la distribution intérieure, l'emplacement au milieu des collections font le plus grand honneur à l'architecte britannique qui a élevé le Bristich Museum.

En 1868, on termina le pavillon de l'entrée provisoire et on plaça dans le comble de ce pavillon un réservoir à deux étages alimenté par une colonne montante, munie d'un robinet à trois eaux permettant de se servir des eaux de la ville d'abord et de n'employer l'eau des réservoirs qu'au cas où l'eau du dehors viendrait à manquer. Des pans coupés dans les angles de ce pavillon renferment des tuyaux d'évacuation en communication avec les égoûts pour les cas où des fuites viendraient à se produire sous les réservoirs. Des bouches établies de distance en distance forment un système de défense non interrompu dans toute la Bibliothèque.

L'architecte, pour répartir plus équitablement et diminuer le poids considérable des réservoirs que les murs avaient à supporter, le reporta sur les angles, évitant ainsi les baies percées dans les axes; il suspendit aux arrêtiers du comble, formés de poutres armées, le double réservoir à installer; la tête des arrêtiers fut reliée par un couronnement fait de croisillons et le pied fut maintenu par des tirants en fer suivant les diagonales. De cette manière pas la moindre flexion à redouter, le poids étant suspendu et non porté. Agissant par tension il en résulta une grande économie de fer, donc, peu de charge et moins de fatigue pour la maçonnerie. Ce système fut appliqué à tous les réservoirs qui furent placés dans chacun des pavillons construits ensuite. Le vestibule de la salle de Travail était aussi entièrement terminé et on fondait un nouveau pavillon symétriquement à celui qui servait d'entrée provisoire. Cette partie, destinée à recevoir au rez-de-chaussée le vestibule de la galerie des Estampes et au premier étage un grand palier d'arrivée, devait donner entrée à la salle publique de Lecture, placée dans l'ancien bâtiment élevé par Law, à la galerie Mazarine, au département des Manuscrits et au dépôt des cartes géographiques. Cette salle publique de Lecture, dans laquelle tout le monde peut travailler sans permission spéciale, se trouve au-dessus de l'Exposition de Géographie réunie à rez-de-chaussée à côté de la salle des Globes. Le public n'y est admis que par le n° 3 de la rue Colbert, bien qu'on y puisse accéder par l'intérieur de la Bibliothèque en prenant le grand escalier derrière lequel se trouve un passage conduisant à l'administration, occupant les constructions de l'ancien télégraphe sur le jardin de la rue Vivienne. Dans la même année on commençait l'intéressante restauration de la galerie Mazarine et de son comble; enfin la rotonde, à l'angle de la rue Richelieu et de la rue Neuve-des-Petits-Champs, recevait une destination. On devait y placer les œuvres de Voltaire dans des vitrines fixées au pourtour et poser au milieu le modèle en plâtre qui a servi à exécuter la statue assise de cet écrivain par Houdon, statue qui existe en marbre au Théâtre Français. Ce modèle fut mis sur un socle en bois renfermant le cœur de Voltaire et un entourage protégea ce petit monument; ces travaux terminés, les murs reçurent une décoration peinte. Cette appropriation se fit pendant les années 1868 et 1869. La décoration en déplut au Directeur de la Bibliothèque, M. Taschereau, qui attendit cependant jusqu'en 1873 pour écrire au Ministre et lui demander le changement de l'ornementation. On ne tint aucun compte de cette réclamation si peu dans les attributions d'un Directeur et ce ne fut qu'après la mort de l'architecte que la destination de cette pièce ayant été changée, la décoration en fut modifiée (1). La statue de Voltaire, son socle avec son entourage ont en effet été transportés dans une autre partie des bâtiments. En 1869, les travaux du pavillon destiné au vestibule des Estampes, étaient continués et on commençait le grand bâtiment sur la place Louvois, le pavillon à l'angle des rues Richelieu et Colbert avec l'amorce du bâtiment en retour sur la Cour d'honneur et sur la rue Colbert. Les travaux de restauration de la galerie Mazarine étaient continués.

Cette galerie, due à François Mansart, et décorée par Romanelli et Grimaldi, n'avait pas d'affectation spéciale ; elle servait de passage et de dépôt. Elle avait subi des modifications qui avaient ruiné en plusieurs parties la décoration ; de plus, elle était noircie par le temps, des portes existaient dans les peintures murales et la voûte crevassée menaçait ruine ; le comble au-dessus était pourri en partie et un prompt remède devenait néces-

(1) L'ancienne décoration a été conservée soigneusement en dessous de la nouvelle.

saire. Une restauration consciencieuse, jointe à une érudition certaine, étaient éminemment utiles pour les travaux à exécuter dans cette vaste et belle salle, dont il ne restait plus que la carcasse enfumée, les murs sans vestige de décoration et la voûte intimement liée à la charpente menaçant de tomber avec elle, après avoir laissé sillonner toute sa surface par de profondes crevasses. Les murs reçurent une surélévation cachée extérieurement par une balustrade neuve, ce qui permit à l'architecte d'envelopper l'ancien comble en bois, inhabitable, dans un comble neuf en fer servant de magasin aux manuscrits. Toutes les parties de la charpente ancienne sur lesquelles la voûte peinte était appliquée, furent suspendues, agrafées et rivées de telle sorte que l'ensemble, désormais solide, devint une garantie pour la conservation de cette importante galerie. Les peintures décoratives des murs furent faites sur toile et reconstituées à l'aide de gravures de l'époque, la couleur restant au choix de l'auteur de cette restauration ; mais une fois terminée, cette galerie demeura sans emploi jusqu'en 1874, où une exposition de géographie y fut installée. Cette première exposition terminée, on en fit une nouvelle comprenant les manuscrits et les livres précieux de la Bibliothèque Nationale.

Les travaux du pavillon destiné au vestibule des estampes marchaient vers leur fin en 1870 et l'amorce du grand escalier était commencée. Cet escalier devait occuper le même emplacement que l'ancien datant de l'époque de Mazarin. Pendant ce temps, le bâtiment sur la place Louvois et les parties en cours d'exécution étaient poursuivies. Dans les premiers jours de septembre, l'aigle romaine surmontant l'inscription : *Bibliotheca a regibus condita, Napoleon III, imp. instaurata et ampliata MDCCCLXVI*, placée dans la salle de travail au-dessus de l'entrée du magasin central, fut descendue pour éviter les menaces dont la Bibliothèque venait d'être l'objet et remplacée par un flambeau avec la date 1870. L'année 1871, vit la décoration du vestibule des estampes, les portes, le dallage et le poêle monumental qu'il renferme ; les amorces du grand escalier avec ses deux gaînes à ceinture de bronze, surmontées chacune d'une tête de génie; l'arrivée de l'escalier au premier étage, les balustrades en pierre à draperie et l'ajour du plancher de ce même étage avec son garde-corps en fer forgé, les portes d'accès, etc., qui furent terminés tandis qu'on installait le bureau du prêt et que le bâtiment neuf en façade sur le square Louvois, le pavillon d'angle et l'amorce sur la rue Colbert étaient continués. En 1872, ces mêmes constructions nouvelles recevaient leur couverture. La porte fut complétée pour servir d'entrée principale à la Bibliothèque et à côté fut placé le logement du concierge; le pavillon d'angle reçut ses réservoirs, et les deux fenêtres sur la rue Colbert et sur la cour du bâtiment nouveau destiné à être continué, formèrent l'amorce du troisième côté de la cour d'honneur. C'est au commencement de cette même année que j'ai été attaché aux travaux de la Bibliothèque Nationale (1), sous les ordres de mon père. L'année 1873, à l'extérieur, sur la rue Richelieu et sur la grande cour, les travaux neufs, commencés et poussés jusqu'à la rue Colbert, furent finis par le ravalement et par la décoration des façades; celle de la place Louvois a été publiée dans l'*Univers Illustré* du 15 février. A l'intérieur, le comble des imprimés commençant à la rotonde Voltaire fut poursuivi jusqu'à la rue Colbert, c'est à dire sur une longueur de 175 mètres environ, ce qui donne à cette suite de casiers alignés en épine, avec passage au milieu, l'aspect d'un immense tunnel. Cette année aussi, un projet complet de la Bibliothèque, comprenant l'expropriation et l'acquisition des maisons enclavées dans le périmètre formé par les rues des Petits-Champs, Vivienne, Colbert et Richelieu, fut envoyé à l'Exposition de Londres où il a été médaillé, puis à l'Exposition de Vienne, où il fut récompensé également.

Il a été fait peu de projets de reconstruction ou d'agrandissement pour l'emplacement actuel de la Bibliothèque; on a presque toujours proposé son déplacement. Benjamin Delessert a proposé sa translation au Louvre; Visconti avait aussi proposé

(1) Voir : *Revue Générale de l'Architecture*, par C. Daly. vol. XXXIII, pag. 232 — vol. XXXV, pag. 144, 242 — vol. XXXVI, pag. 3 — vol. XXXVII, pag. 133 — vol. XLI, pag. 290.

ce transport avant d'étudier son projet de reconstruction et d'agrandissement sur place; enfin, antérieurement, Boullée avait proposé de couvrir l'ancienne grande cour de la Bibliothèque pour en faire une immense salle de travail voûtée en berceau et éclairée par le haut; Peyre, démolissant tout l'ancien hôtel de Nevers sur la rue de Richelieu, reconstruisait les anciennes galeries en leur donnant des accès plus commodes et des dépendances indispensables; mais, malheureusement, sans augmenter beaucoup l'espace destiné aux collections. Le voisinage immédiat du Louvre n'a jamais réussi à la Bibliothèque du roi; les deux fois qu'elle y a été placée, elle a failli être anéantie. Elle a été maintenue en dehors de ce centre politique par M. Henri Labrouste qui, malgré les difficultés d'un travail fait sur place et la lenteur forcée des travaux, a pu conserver la Bibliothèque au cœur de Paris et par conséquent accessible à tout le monde. Quelques personnes avaient bien proposé de la transporter dans un quartier excentrique, mais cette proposition n'était pas faite pour rassembler les suffrages du plus grand nombre. D'une part on avait à lutter contre l'Administration qu'un tel déplacement effrayait, d'autre part c'eût été une très grande perte de temps pour les lecteurs éloignés. C'est ainsi que l'École Polytechnique, qui devait être transportée au Trocadéro, en face de l'École Militaire, et pour laquelle un projet avait été demandé à M. H. Labrouste, ce projet n'aboutit point. En effet, une fois terminé il échoua, malgré la volonté de l'empereur Napoléon III, devant les résistances des professeurs qui, habitant le quartier des Écoles, ne pouvaient se décider à l'abandonner pour cette nouvelle destination. Quant à un changement dans le quartier même pour la Bibliothèque, il n'y fallait pas songer vu le prix exagéré des terrains.

Dans le projet de M. H. Labrouste pour la Bibliothèque Nationale, les bâtiments anciens sur la rue Colbert étaient démolis et remplacés par une construction neuve semblable à celles qui sont sur la rue de Richelieu; puis, à l'intersection des anciennes salles au fond de la cour d'honneur avec cette construction nouvelle devait s'élever un pavillon. Ensuite, les maisons comprises dans l'îlot de la Bibliothèque devant être expropriées (1), les galeries devaient se prolonger sur la rue Colbert et sur la rue Vivienne, pour former enfin retour sur le jardin. Des pavillons se trouvaient l'un à l'angle des rues Colbert et Vivienne, l'autre à l'angle de la rue Vivienne et du jardin. Chaque pavillon devait être muni de ses réservoirs contre l'incendie. Les bureaux de l'Administration disparaissaient pour être reportés dans les salles du fond de la cour d'honneur, restaurées à cet effet. Le département des mé-

(1) Ces maisons ont été expropriées en 1878, un crédit de 3,700,000 francs a été voté, la dépense a été de 6,000,000 de francs environ.

dailles, placé provisoirement rue de Richelieu, devait être éloigné des dangers que présente sa position sur la rue, tant contre le vol que contre une émeute, et être reporté à l'intérieur des cours dans l'axe de la porte de l'entrée principale. Ainsi exécuté, le projet agrandissait la cour des Globes et la cour du n° 3 de la rue Colbert; puis l'annexe contenant les globes de Coronelli était destinée à disparaître. Si on considère l'axe de la porte de l'entrée principale avec l'axe de la construction ancienne au fond de la cour d'honneur, destinée à recevoir à rez-de-chaussée les bureaux de l'Administration, on est conduit à supposer que l'architecte a pensé que la complète restauration de cette partie, — privée de caves et sous laquelle il en fallait pratiquer pour loger les calorifères; ayant ses planchers, son comble en très mauvais état et destinés à être remplacés par des planchers et un comble en fer, — ferait abandonner le peu qui devait rester pour faire place à une construction neuve, semblable au reste des bâtiments de la cour, en formant le quatrième côté et placée dans l'axe de l'ensemble du projet.

A la fin de l'année 1873 et en 1874, les travaux du grand comble sur la rue de Richelieu furent achevés. Tous les combles de la Bibliothèque sont réunis entre eux et munis de garde-corps, des escaliers rendent leur accès facile; aussi la personne la moins habituée à circuler à une si grande hauteur peut-elle sans crainte les parcourir. Au rez-de-chaussée on fit les aménagements nécessaires pour l'installation du bureau des entrées et du dépôt légal à droite de l'entrée principale, puis du dépôt des journaux à gauche ; enfin, le dessous du vestibule de cette porte d'entrée reçut ses sculptures et son plafond en pierre. Ces années aussi la galerie Mazarine fut décorée de vitrines et de meubles pour l'exposition provisoire de Géographie ; ensuite, elle fut transportée au rez-de-chaussée dans le bâtiment de Law et dans l'annexe des globes. En 1875, l'aménagement du dépôt légal et du dépôt des journaux, commencé au rez-de-chaussée sur la place Louvois, fut terminé, et l'architecte se préparait à démolir le bâtiment sur la rue Colbert, lorsque la mort l'arrêta.

Depuis vingt-et-un ans M. Henri Labrouste était architecte de la Bibliothèque de la rue de Richelieu, lorsque, le 24 juin 1875, il mourut subitement dans sa propriété, à Fontainebleau, où repose sa dépouille mortelle.

A ce moment, les entrepreneurs de la Bibliothèque Nationale conçurent l'idée d'élever, à leurs frais, un petit édicule à l'architecte, où toutes les natures de travaux devaient figurer, en rappelant l'une des applications que leur patron avait faites de chacune d'elles, et, dont ils voulaient conserver la mémoire. Ils demandèrent donc qu'on leur accordât un endroit à la Bibliothèque où ils pussent, sous la direction de M. Félix Perrin, inspecteur des travaux, placer cet honorable souvenir. Cette généreuse et originale pensée n'a pas abouti. Il en a été de même au Séminaire de Rennes; mais à la Bibliothèque Sainte-Geneviève, les élèves de M. Labrouste ont obtenu un emplacement en haut du grand escalier, pour placer le buste de leur maître, fait par le statuaire M. E. Guillaume, de l'Institut; puis les Académiciens ont fait exécuter le buste de leur collègue pour le Palais de l'Institut, par le statuaire M. L. Longepied; enfin, le Conseil municipal de Paris a donné le nom de Labrouste à une des rues de la Capitale et une des cours de l'Hôtel-de-ville a reçu comme décoration le médaillon de cet architecte décédé. Ce médaillon est l'œuvre du statuaire M. Mathieu-Meusnier.

Le projet, envoyé à Vienne et à Londres, fut écarté à la mort de son auteur, et, malgré l'amorce déjà faite sur la cour d'honneur et sur la rue Colbert, on résolut de démolir cette partie neuve et de restaurer la construction ancienne. Cette idée vînt tardivement en 1877, alors que la démolition avait été commencée; on fut donc obligé de refaire entièrement à neuf ce bâtiment tel qu'il était avant cette démolition.

Le premier travail entrepris par le successeur de M. Labrouste fut l'installation de la réserve des imprimés au premier étage du bâtiment sur la place Louvois; puis, après la reconstruction, jusqu'au n° 3 de la rue Colbert, des galeries élevées le long de cette rue, on y étendit le service des journaux déjà organisé dans une partie voisine au rez-de-chaussée. Le premier étage reçut provisoirement la salle publique de lecture, permettant ainsi la restauration de l'ancienne salle du premier étage du bâtiment au fond de la cour d'honneur, en face de l'entrée principale, qui avait servi jusqu'alors à cet usage; enfin, M. J.-L. Pascal a construit, au-dessus de la Géographie, un atelier photographique du côté de la cour de la reliure. Un projet fut aussi proposé par cet architecte pour couvrir la grande cour d'honneur de la Bibliothèque; cette couverture vitrée était soutenue par une armature en fer et reposait sur des colonnes de même métal, mais ayant soulevé différentes critiques peu fondées le projet fut cependant abandonné. Les crédits étant alors épuisés, les travaux cessèrent au milieu de l'année 1884, laissant la Bibliothèque Nationale pourvue pour bien des années de toute la place désirable pour les collections; celles-ci bien installées n'ont plus à craindre de détériorations et les nombreux services, possédant tous les accessoires nécessaires pour le moment, ont été rendus aussi faciles que possible.

IV

La superficie du terrain occupé par la Bibliothèque Nationale, en 1884, compris entre les rues Neuve-des-Petits-Champs, Vivienne, Colbert et Richelieu est de 16.380 mètres environ dont il faut déduire l'espace occupé, en 1875, par les maisons particulières du coin de la rue Vivienne et de la rue Colbert. Cet espace était de 2.567 mètres superficiels. Il restait ainsi pour la surface totale de la Bibliothèque 13.813 mètres. Dans cette surface le jardin et les cours occupant une étendue de 4.689 mètres ; ce sont donc 9.124 mètres de terrain couvert par les bâtiments. Il convient de partager cette étendue de 9.124 mètres de constructions en deux natures de travaux, une partie étant occupée par les bâtiments restaurés et l'autre par les constructions neuves. Les parties restaurées étaient élevées sur un emplacement de 1.080 mètres tandis que les parties neuves occupaient à la mort de M. H. Labrouste une place de 8.044 mètres de superficie. La dépense totale, tant pour les grands travaux que pour le grand et petit entretien et pour les frais d'agence a été de 6.614.100 francs environ en 21 années. La décoration et l'entretien du jardin et des cours représentent une certaine somme dans ce chiffre relativement si peu important. Une dépense très forte aussi, comprise dans le total de 6.614.100 francs, est celle qui est résultée de la situation provisoire des collections, des déplacements successifs nécessités par l'exiguïté et les difficultés du chantier; l'évaluation moyenne en a été de 1.050.000 francs pendant la durée des travaux. Ce sont donc 5.564.100 francs qui restent et ont été répartis de la manière suivante : les grands travaux sont représentés par 4.784.313 francs, l'entretien par 542.686 francs, le compte des travaux spéciaux à l'administration formant un crédit à part a été de 111.100 francs. enfin 126.000 francs seulement ont été employés pour les frais de l'agence. Il est facile de voir, par la comparaison des chiffres qui viennent d'être exposés, que la déponse a été très modérée étant donnée la nature des travaux à exécuter.

Il m'a semblé également intéressant de mettre en regard un aperçu des dépenses faites à la Bibliothèque Sainte-Geneviève, en tenant compte de la nouveauté des procédés employés, ceux-ci ayant demandé un outillage spécial, et, par cela même présentant une plus-value considérable sur les travaux postérieurs du même genre, on pourra apprécier l'économie avec laquelle ils ont aussi été dirigés.

Cette Bibliothèque, fondée par les génovéfains, était peu importante. Elle ne prit un certain développement que par suite du don que François de la Rochefoucauld, évêque de Senlis, fit en 1630 de ses livres au couvent de Sainte-Geneviève ; on peut donc le considérer comme en étant le fondateur. La reconstruction des bâtiments fut décrétée le 19 juillet 1843 et les travaux, dont l'architecte M. H. Labrouste, nommé en 1838, s'occupait déjà depuis longtemps, furent commencés le 5 août de la même année. La première pierre fut posée par M. Dumon, Ministre, le 12 août 1844 après fondations faites et une médaille composée par l'architecte fut frappée pour en conserver le souvenir. Les travaux furent terminés le 15 décembre 1850 et la remise officielle eut lieu le lendemain. Le déménagement des volumes se fit du 23 décembre 1850 au 23 janvier 1851 et la salle de lecture fut ouverte au public le 4 février suivant. Le terrain occupé par la Bibliothèque Sainte-Geneviève était de 2.826 mètres superficiels environ dont 2.310 mètres sont couverts par les bâtiments. La dépense a été de 1.692.000 francs dont 123.000 ont servi à une acquisition de terrain. Le crédit était de 1.775.000 francs et, chose rare, la dépense resta inférieure au crédit voté.

Le personnel de la Bibliothèque Nationale offre aussi un grand intérêt à connaître puisqu'il montre l'importance respective de ses différents services. Voici qu'elle était sa composition en 1875.

Son administration dépendait du Ministère de l'Instruction publique et des Cultes et avait été organisée par décret impérial du 14 juillet 1858 de la manière suivante : un administrateur général, directeur se trouve à la tête et préside le Comité consultatif formé des conservateurs, sous-directeurs qui sont répartis en quatre départements. Ces départements sont : celui des Imprimés, celui des Manuscrits, celui des Médailles et celui des Estampes.

Les Imprimés comprennent les livres et les cartes géographiques. 13 conservateurs et bibliothécaires sont chargés de ce service, aidés par 79 employés. Les livres imprimés renferment des ouvrages de théologies, d'histoire de France, de poésie et de littérature, de linguistique, de philosophie et d'économie politique, de beaux-arts, d'industrie et de sciences, de médecine, d'histoire générale, d'histoire naturelle, de droit, de littérature, de bibliographie et de musique. Cette collection se compose de 1,800,000 volumes répartis sur 22,000 mètres linéaires de tablettes. Les cartes et collections géographiques renferment les fonds de l'abbaye Saint-Victor, de Nicolas de Tralaq, de Kloproth, de Barbié du Bocage : les cartes topographiques de l'état-major, les cartes hydrographiques ; les atlas manuscrits du XVIe siècle ; les collections des géographes français, d'Anville, Guillaume Delisle et Nicolas Sanson ; les globles terrestres et célestes ; les cartes en relief composant en 300,000 cartes et 12,000 volumes.

Les Manuscrits comprennent les ouvrages écrits

à la main, les titres et les lettres. 3 conservateurs et bibliothécaires sont chargés de ce service, aidés par 11 employés. Les Manuscrits renferment les fonds orientaux, contenant 12,000 manuscrits, les fonds grecs 4,380 volumes, les fonds latins 19,700 volumes, les fonds français 27,080 volumes, les fonds en langues modernes 2,400 manuscrits; les collections en langues diverses 10,800 volumes; le grand cabinet de titres et diplômes 3,800 volumes ou cartons. Ce sont donc 80,160 volumes répartis sur 8,630 mètres de tablettes qui composent ce département.

Les Médailles comprennent les médailles proprement dites, les pierres gravées et les antiques. Les conservateurs au nombre de 2, aidés par 5 employés, sont chargés de ce service. Ce département renferme : les médailles antiques, les monnaies modernes, les médailles modernes, les jetons; ce qui représente 150,000 pièces et 7,500 médaillons. Des antiquités diverses se trouvent aussi; des bustes en marbre, des figurines et des vases en or, en argent ou en bronze; des camées, des vases en pierres précieuses, des vases peints; enfin, des pierres gravées et des pierres précieuses composent cette remarquable collection.

Les Estampes sont desservies par 3 conservateurs, aidés de 6 employés. Ce département renferme les estampes, les eaux-fortes, les gravures, les lithographies et les dessins. Ces collections représentent les galeries de France et de l'étranger; la peinture, la gravure, la sculpture et l'architecture; les sciences et l'industrie; les portraits, les costumes, l'histoire; la mythologie et la hiérologie; la topographie; enfin, l'histoire de l'art. Ce sont 2,200,000 pièces, formant 14,500 volumes et 4,000 porte-feuilles, reparties sur 1,500 mètres linéaires de tablettes.

Le bureau de l'administration renferme 6 employés et gagistes; 18 personnes, hommes ou femmes, sont attachées à l'atelier de reliure et de collage; un chef de service, des concierges, des chauffeurs, des garçons, en tout 11 personnes assurent la surveillance de la Bibliothèque Nationale.

En résumé, le nombre total du personnel de cet établissement est donc de 158 personnes. Le nombre total des volumes, pièces et cartons renfermés dans les quatre départements est de 2,368,160. Ces volumes, pièces et cartons sont répartis sur 39,000 mètres linéaires de tablettes. Les quatre départements peuvent offrir place à la fois dans leurs salles d'étude au nombre suivant de personnes : les Imprimés à 450 lecteurs, les Manuscrits à 50 lecteurs, les Médailles à 15 travailleurs et les Estampes à 60 travailleurs.

Les collections sont sujettes à un accroissement moyen annuel dont il faut tenir compte en vue des besoins futurs. Il entre chaque année à la Bibliothèque environ 50,000 pièces pour l'ensemble des quatre départements.

Cet accroissement est de 29 mètres superficiels

de surface verticale pour les imprimés ; la profondeur étant égale à un demi-casier. La construction élevée sur la rue Colbert assure le service de ce département pour 80 ans, après que la salle publique de lecture aura été remise à sa place primitive, qui vient d'être restaurée. L'accroissement des manuscrits dans les mêmes conditions, et pendant le même temps, est difficile à apprécier à jour dit, par suite de l'irrégularité des acquisitions ; cependant, comme ce développement est très restreint, le comble qui a été restauré au-dessus de la galerie Mazarine et qui actuellement est occupé par ce département, assure son service pour un siècle environ. Il est juste cependant d'ajouter que, placés dans le vieux bâtiments, les manuscrits présentent un service peu commode. Les médailles sont dans le même cas que les manuscrits ; les acquisitions y sont peu nombreuses, les dons y sont rares, et grâce à la nouvelle galerie qui a été adjointe à ce département, au premier étage, en remplacement de la galerie moins importante du rez-de-chaussée qu'il a dû abandonner, ce service pourra attendre l'époque à laquelle le beau terrain, acquis dernièrement par l'État pour agrandir la Bibliothèque, sera pourvu d'un crédit permettant de continuer les bâtiments projetés. Le département des Estampes est un des plus gênés ; l'emplacement qu'il occupe est absolument insuffisant, surtout depuis quelques années, où les publications de gravures, estampes et lithographies ont pris un grand développement. Son accroissement annuel est de 14 mètres superficiels; il est donc urgent d'aviser. Heureusement que le bâtiment, situé au fond de la cour d'honneur et qui vient d'être aménagé pour recevoir les bureaux de l'Administration, va laisser libre la construction actuellement occupée par les employés sur le jardin de la rue Vivienne. Cette construction, rez-de-chaussée et entresol, à proximité du département des estampes, pourra de cette façon permettre d'assurer ce service pour un grand nombre d'années. Quant à la Géographie, qui dépend des imprimés, elle possède à l'annexe des globes, soit à rez-de-chaussée où elle est en ce moment, soit au premier étage qui est vacant, le moyen de se mettre plus au large.

On le voit, les efforts du Gouvernement ont assuré non-seulement la conservation présente et la sécurité du lendemain aux riches collections de la Bibliothèque Nationale, mais encore l'avenir lointain pour de nombreuses générations, par l'expropriation et l'acquisition du terrain situé à l'angle des rues Vivienne et Colbert.

La question d'expropriation et d'acquisition du terrain vendu, en 1717, par les fils du marquis de Mancini, s'est souvent présentée à l'Administration par suite des accroissements successifs de la Bibliothèque dont les collections, augmentant toujours, se trouvaient trop à l'étroit. En effet, dès 1822, on avait conçu la pensée d'acquérir les immeubles enclavés de ce côté. Cette proposition revint de nouveau en 1838, le prix d'acquisition était alors de 900,000 francs environ; mais on recula devant la dépense. En 1846 eut lieu une nouvelle tentative suivie d'un nouvel insuccès; à partir de ce moment, on préféra s'en tenir à la reconstruction des bâtiments disparates qui avaient été annexés isolément, pour élever à leur place des constructions plus en rapport avec leur destination.

Visconti fut invité, en 1851, à dresser un projet de reconstruction totale; mais sa mort ne permit pas d'y donner suite. Son successeur, M. Henri Labrouste, reprit la pensée de modification qui avait été abandonnée, et, afin d'obtenir l'emplacement nécessaire aux différents services, il proposa d'indemniser les employés logés en grand nombre dans l'Établissement et de les renvoyer. Après avoir restauré les parties intéressantes des anciens bâtiments, puis démoli l'hôtel de Nevers dans sa presque totalité afin d'y établir le magasin des imprimés et la grande salle de Travail, M. Labrouste aborda, mais inutilement, la question d'expropriation des maisons qui forment l'angle de la rue Vivienne et de la rue Colbert.

En présence de l'augmentation des collections, qui en 1791 ne possédaient que 150,000 volumes, tandis qu'aujourd'hui les imprimés en possèdent près de 2,000,000, l'État s'est vu obligé de reprendre la question de l'expropriation des maisons portant les numéros 3, 3 bis, 5, 7 et 9 de la rue Vivienne.

Cette question était devenue d'autant plus urgente que ces maisons renfermaient des industries d'un voisinage dangereux et que les cuisines de l'hôtel des Étrangers étaient adossées à un pan de bois servant de mur mitoyen. Il fallait donc procéder rapidement; c'est ce que fit M. Barthélemy Saint-Hilaire en insistant sur la nécessité d'isoler au plus tôt la Bibliothèque de ces immeubles privés qui, depuis plus de 150 ans, enclavés dans les bâtiments de l'État, n'en étaient séparés sur certains points que par des pans de bois auxquels s'adossaient des cheminées et des cuisines. Parmi les industries exercées dans ces immeubles se trouvaient : un hôtel meublé, un photographe, un café, un second photographe, un pharmacien, un laboratoire et un dépôt d'huiles grasses, d'huiles minérales et de liqueurs, un marchand de bois, un marchand de vins et loueur de chambres meublées, enfin trois ateliers d'ouvriers.

En 1877, M. Bardoux, puis M. E. Lockroy en 1878, ne voulant pas que tant de documents précieux, dont le prix dépasserait plusieurs milliards de francs, pussent être détruits par l'incendie, insistèrent de nouveau auprès de la Chambre des Députés et demandèrent un crédit de 3,700,000 fr. pour arriver à l'acquisition des immeubles. Ce crédit a été voté ; puis l'expropriation des locataires a été faite et les constructions ont été démolies.

Le Gouvernement, avec le secours des Chambres a donc ainsi rendu un immense service au pays, en écartant de la Bibliothèque Nationale tout danger venant du dehors, tant contre le vol que contre l'incendie et préparé pour l'avenir un vaste champ libre, propre à recevoir les bâtiments rendus nécessaires par suite de l'accumulation future des richesses intellectuelles qu'ils devront renfermer.

V

La Bibliothèque Nationale renferme, indépendamment des quatre départements que nous avons cités, différents objets qui y ont été rattachés. Ces objets, momies, sarcophages, cercueils, dessins de l'expédition d'Égypte, jeux, cuves, édicules, meubles, pierres, ustensiles, vases, armes et autres dont les liens, qui porteraient à les rapprocher d'un des départements créés, sont peu sensibles, seraient avantageusement placés dans les musées spéciaux du Louvre où, mis à côté de leurs similaires, ils présenteraient un intérêt pour l'étude qu'ils ne peuvent offrir, isolés qu'ils sont au milieu des autres collections. On obtiendrait ainsi une place précieuse qui serait avantageusement utilisée pour les richesses enserrées dans leurs bâtiments respectifs.

Le désir, la passion peut-être même de collectionner tout, la crainte de laisser des lacunes regrettables a poussé à des excès d'accumulation, qui loin de faciliter un enchaînement naturel, ont porté à la confusion. On a entassé depuis longtemps les exemplaires d'un grand nombre de doubles d'ouvrages, voire même de prospectus, ayant eu d'innombrables éditions, toutes semblables, ne présentant qu'un intérêt de réclame industrielle dont la profusion encombrante est nuisible aux travaux de valeur réelle.

Il serait donc utile, sans porter préjudice au but si louable qu'on se propose, de chercher à obtenir une place devenue parfois indispensable en réduisant ou en modifiant la manière dont les accroissements se font à la Bibliothèque. Ne serait-ce pas sauver une grande partie des richesses qu'on possède que de les décentraliser? Pour cela on pourrait créer en province, dans les grandes villes, des succursales, sorte de dépôts destinés aux doubles, évitant ainsi la ruine totale que pourraient entraîner une révolution, un incendie. La crainte d'un pareil désastre conseillerait aussi pour certains ouvrages uniques d'en multiplier le nombre des exemplaires et de les envoyer dans ces succursales.

Les pièces rares formeraient à elles seules par leur énoncé des volumes de catalogue, je n'entreprendrai donc pas de les nommer; mais je vais indiquer les sources les plus importantes auxquelles l'amateur devra s'adresser spécialement pour les connaître :

Description des Estampes exposées dans la galerie de la Bibliothèque impériale, formant un aperçu historique des productions de l'Art et de la Gravure, accompagnée de recherches sur l'origine, l'accroissement et la disposition méthodique de la collection par J. Duchesne aîné, conservateur, précédée d'une notice biographique sur sa vie et ses ouvrages. Paris, imprimerie de Simon Raçon et Cie, 1, rue d'Erfurth. 1855.

Catalogue général et raisonné des camées et pierres gravées de la Bibliothèque impériale, suivi de la description des autres monuments exposés dans le cabinet des Médailles et Antiques, publié sous les auspices de Son Excellence le Ministre de l'Instruction Publique et des Cultes par M. Chabouillet, conservateur adjoint du Cabinet des Médailles et Antiques, membre du Comité des Travaux Historiques et des Sociétés Savantes au Ministère de l'Instruction Publique et des Cultes, de la Société des Antiquaires de Londres, etc. Paris. J. Claye, imprimeur-libraire, rue Saint-Benoît, 7. 1858.

Bibliothèque Impériale. Département des Médailles, Pierres gravées et Antiques. Description sommaire des monuments exposés. Paris, Ad. Laîné, libraire-éditeur, 19, rue des Saints-Pères et chez Adolphe Labitte, quai Malaquais, 5. 1867.

Les anciennes Bibliothèques de Paris, par Alfred Franklin de la Bibliothèque Mazarine. Paris, Imprimerie impériale. 1870.

Catalogue alphabétique des ouvrages mis à la disposition des lecteurs dans la salle de travail, précédé d'un avertissement, suivi du règlement officiel et accompagné d'un plan de la salle. Paris, H. Champion, libraire, 15, quai Malaquais. 1879.

Bibliothèque Nationale, Département des Manuscrits, Chartes et Diplômes. Notice des objets exposés. Paris, H. Champion, libraire, 15, quai Malaquais. 1878.

Bibliothèque Nationale, Département des Imprimés. Notice des objets exposés. Paris, H. Champion, libraire, 15, quai Malaquais. 1878.

Bibliothèque Nationale, Département des Estampes. Notice des objets exposés. Paris, H. Champion, libraire, 15, quai Malaquais. 1878.

Enfin, il faut citer parmi les auteurs plus anciens qui ont écrit sur la Bibliothèque et dont les ouvrages sont très précieux au point de vue historique : Sauval, Félibien, Germain Brice, Piganiol de la Force, Blondel, puis l'excellent ouvrage de M. Léon de Laborde.

CARDINAL MAZARIN'S PALACE.

Cher Monsieur,—Rendant compte dans votre numéro du 13 décembre 1923 du livre de Mary D. [illegible] intitulé "The Romance of the Paris [illegible]," vous imprimez ceci:—

"On page 105 she refers to the Bibliothèque nationale as 'the palace built by Mazarin for his own use,' though practically every vestige of the original palace has vanished."

Le palais de Mazarin existe toujours et sa façade sur la rue des Petits Champs comme sur la rue Vivienne est encore intacte. L'intérieur a été modifié, mais il reste le plafond peint de son antichambre et sa chambre à coucher dont la décoration n'a pas été changée dans le département des Cartes géographiques ; la salle la plus importante de ses appartements où Mazarin avait réuni ses collections d'art est demeurée sans modification appréciable ; connue sous le nom de Galerie Mazarine elle sert de salle d'exposition pour les pièces les plus rares de la Bibliothèque nationale.

HENRI LEMAITRE,

Bibliothécaire hon. à la Bibliothèque nationale.

11, rue Guénégaud, Paris, 6e.

*** Our reviewer writes:—

Monsieur Henri Lemaitre does little to controvert my statement as to the palace of Cardinal Mazarin. It is true that the Galerie Mazarine, the cardinal's bedroom, his antechamber, and one or two other rooms of the original building still remain, but it is also true that the remainder of the palace has vanished. It is not even accurate to say that the façade in the Rue Vivienne is intact, as only a quarter of what could have been the original façade remains. The Jardin Vivienne did not exist in Mazarin's day, and the sector between the garden and the Rue Colbert is, I think, of recent construction. Even if the wall is old, the interior is entirely modern. Elsewhere the changes are almost equally great. The round tower at the corner of the Rue des Petits Champs and the Rue de Richelieu is also of later date than the cardinal. The creation of the Cour de l'Administration on the Rue des Petits Champs removed part of the old façade on that side. A reference to any eighteenth-century large-scale map of Paris, such as that of Turgot, will show how great the changes have been. I am inclined to question the accuracy of M. Henri Lemaitre's statement that the façades on the Rue Vivienne and Rue des Petits Champs are of the original fabric, as I am under the impression that the whole of that part of the building which was the Hôtel de Chivry was pulled down in the late eighteenth century.

Times Lit. Suppl. 24 Jan. 1924, p. 53

CARDINAL MAZARIN'S PALACE.

Cher Monsieur,—Je vois par la note publiée par votre "reviewer" dans votre numéro du 24 janvier 1924, à la suite de la lettre que je vous ai écrite au sujet du "Palais du Cardinal Mazarin," que mon argumentation est loin d'avoir fait reconnaître la vérité. Aussi vous serais-je très reconnaissant si vous vouliez bien encore insérer ce bref résumé où j'ai condensé ce que nous savons sur la demeure de cet homme d'Etat.

L'hôtel qui fut occupé par Mazarin avait été construit au coin de la rue Vivienne et de la rue des Petits-Champs par Charles Duret, chevalier, seigneur de Chevry (et non Chivry, comme imprime votre "reviewer"), aujourd'hui Chevry-en-Sereine (Seine-et-Marne), conseiller du Roi, président en sa Chambre des comptes, contrôleur général des Finances de Sa Majesté et secrétaire de ses ordres. Le président de Chevry avait acheté le terrain en 1634, il commença à bâtir en 1635 et quand il mourut le 21 septembre 1636, l'hôtel était achevé. C'est cet hôtel que l'on voit encore aujourd'hui et où logent l'administrateur et le secrétaire-trésorier de la Bibliothèque nationale ; les seules différences à noter entre l'aspect primitif et l'état actuel sont que les ailes n'allaient pas jusqu'à la rue des Petits-Champs—on verra plus loin qu'elles ont été allongées par Mansard—et qu'à la place de la grille actuelle s'ouvrait une porte cochère encadrée par deux écuries en bordure de rue.

Le 15 février 1641, Jacques Tubeuf, également président en la Chambre des comptes, acheta l'immeuble, puis la pièce de terre attenante, qui faisait l'angle de la rue des Petits-Champs et de la rue de Richelieu, où il se fit bâtir un hôtel par Pierre Le Muet. En 1643, il loua à Mazarin l'hôtel de Chevry ; l'année suivante à la demande de celui-ci, il acquit la presque totalité des terrains qui s'étendaient entre son hôtel, l'hôtel de Chevry, la rue de Richelieu et ce qui est de nos jours la rue Colbert. C'est sur ces terrains que François Mansard éleva dans le courant de 1645 les galeries Mazarines haute et basse :—"La galerie du rez-de-chaussée, dite salle des antiques, aux murs peints, aux plafonds dessinés par Mansard et peints par Grimaldi, devait contenir des bustes et des statues antiques. La galerie haute, tapissée de damas rouge aux armes et au chiffre de Mazarin, au plafond dessiné aussi par Mansard et peint par Romanelli, devait recevoir les objets d'art, tableaux, cabinets, tables, meubles de laque, bassins d'argent. Les deux galeries étaient doublées du côté de la rue de Richelieu par une grande construction parallèle, contenant des remises au rez-de-chaussée et des appartements au premier." Enfin Mansard entreprit sur la rue de Richelieu une immense construction de 152 mètres de long, dont le rez-de-chaussée voûté devait servir d'écuries et dont le premier étage comprenait un appartement, une chapelle, la galerie de la bibliothèque, de plus de 60 mètres de long sur 9 de large et 8 de haut. Mansard modifia enfin l'hôtel de Chevry lui-même en prolongeant jusqu'à la rue les deux ailes de la façade. Mazarin acheta au président Tubeuf tout le pâté de maisons le 30 août 1649, lui laissant jusqu'au 31 décembre 1650 la jouissance de l'hôtel situé au coin de la rue de Richelieu et de la rue des Petits-Champs.

Que reste-t-il des constructions acquises en 1649 par Mazarin ? L'hôtel édifié par le président Tubeuf et tous les bâtiments qui s'élevaient entre les galeries Mazarines et la rue de Richelieu ont été abattus pour faire place aux constructions actuelles de la Bibliothèque nationale, mais l'hôtel de Chevry et les galeries Mazarines subsistent ; avec leurs murs en brique ornés de chaînages en pierre, avec leurs belles proportions, ils forment un des plus beaux spécimens qui nous soient restés de l'architecture au temps de Louis XIII.

Aussi n'est-ce pas sans surprise que l'on lit la phrase de votre "reviewer":—"I am under the impression that the whole of that part of the building which was the Hôtel de Chivry was pulled down in the late eighteenth century."

Non, l'hôtel de Chevry est toujours debout, et comme c'est justement dans cet hôtel que Mazarin a vécu, on peut affirmer sans aucune contradiction possible que la partie principale du palais de Mazarin existe toujours avec la construction contenant ses deux galeries d'objets d'art. Votre "reviewer" m'aurait épargné cette nouvelle rectification s'il avait pris la peine de se reporter à l'excellente notice, publiée par M. Louis Batiffol dans la "Gazette des Beaux-Arts" (t. XXXIX., p. 265-289), sous le titre: "Les Origines du Palais Mazarin"; il y aurait trouvé, en plus d'une suite de documents, ne laissant aucune place au doute, une série d'illustrations qui auraient achevé de le convaincre de son erreur.

Bien sincèrement vôtre,

HENRI LEMAITRE.

11 rue Guénégaud, Paris.

Times Lit Suppl. 31 Jan. 1924, p. 65

www.ingramcontent.com/pod-product-compliance
Lightning Source LLC
LaVergne TN
LVHW020409230826
846091LV00004B/1211